我的精准

扶贫

日记

主编 姚建刚

YSP
北京燕山出版社
BEIJING YANSHAN PRESS

图书在版编目（CIP）数据

我的精准扶贫日记/姚建刚主编 . —北京：北京燕山出版社，2017.12

ISBN 978-7-5402-4901-4

Ⅰ.①我… Ⅱ.①姚… Ⅲ.①扶贫－中国－文集
Ⅳ.① F124.7-53

中国版本图书馆 CIP 数据核字（2017）第 301250 号

我的精准扶贫日记

编　　者：姚建刚
责任编辑：王月佳
封面设计：丁　瑞
出版发行：北京燕山出版社
社　　址：北京市宣武区陶然亭路 53 号
邮　　编：100054
电话传真：010-65240430（总编室）
印　　刷：廊坊市海涛印刷有限公司
开　　本：700×1000　　1/16
字　　数：244 千字
印　　张：17
版　　次：2018 年 9 月 第 1 版
印　　次：2018 年 9 月 第 1 次印刷
定　　价：58.00 元

脚步

　　翻开一篇篇扶贫日记，我看到无数的脚步，在走进贫困者的家庭，在走近贫困者的心坎里。

　　他们从全区不同的部门、单位出发，走入望城那不起眼的小山村，几乎被人遗忘的山旮旯。

　　他，也许是一名普通的公务员，一次次踏上那片贫瘠的土地，敲开那陈旧的门窗，面对一张张满布愁容的脸，亲切地说："大哥，我们来看看你。"

　　她，也许只是一名普通的干部，一次次在山路弯弯泥泞中前行，走进扶贫户家中，聊着家长里短，聊着过去和未来，真诚地说："您有什么烦心事和我说说！"

　　扶贫大军在用他们的脚步靠近，靠近那些命途多殊的人们，靠近那些被疾病折磨得变形的人们，靠近那些横遭天祸，一时手足无措的人们……

　　他们只有一个信念，要和贫困户一起驱逐贫穷。

　　翻开一篇篇感情深沉，挚爱深深的日记，我看到那匆匆的脚步，踏石留印，铿锵有声。

即使是一块坚冰，遭遇炽热的暖流也会融化；即使身似槁木、心如死灰，沐浴和煦的春风也会生机勃发。

金石建成的小康社会的路上，一个都不能少。不放弃，不抛弃，甩掉贫困的包袱，携手走进新天地。他来了，她来了，他们来了。

他举着火把而来，她载着光明而来，他们带着温暖而来，他们要用人间的大爱擦亮蒙尘的眼睛和心灵。

致贫的原因，分析了一遍又一遍，拨开层层迷雾，找到穷根，他们下定决心，攻坚拔寨。

翻开一篇篇深谋远虑、高瞻远瞩的扶贫日记，我看到那执政为民、恪尽职守的脚步，实现党和政府对人民的庄严承诺的信心和决心。

贫困是一个非常古老的而沉重的话题，它是多种因素叠加的综合征，也是世界各国和国际社会面临的严重挑战。消除贫困成为了人类社会孜孜以求的理想，以习近平总书记为核心的党中央"以人民为中心"，让人民群众有获得感，满足人们群众的愿望和期待，就是强化中国共产党人的责任担当，增强历史使命感。

中国共产党人依据马克思主义反贫困理论，成功地揭示出只有在解放和发展生产力的基础上，才能实现人类的共同富裕，不断更新和完善扶贫制度，表达了对于消除贫困的决心和信心！

脚步叠加，便成大道，便是坦途。

让脚步更多地迈进贫困者家庭，温暖贫困者的心，干群风雨同舟，携手同行，实现小康。

脚步让我们成了一家人，让我们成为一家亲。

望城的扶贫路，还在我们的脚下延伸。我们将用脚步续写我们新的扶贫日记，以只争朝夕的精神全力推动，步步为营，抓铁有痕，实现中华民族伟大的复兴，把小康社会的宏伟蓝图变为现实，将精准扶贫、精准脱贫的伟大事业进行到底！

目录 CONTENTS
我的精准扶贫日记

目录

CONTENTS

H

CONTENTS

X

我的精准扶贫日记

CONTENTS 目录

中共长沙市望城区委副书记、区长 范焱斌

倾真情，扶真贫

2016 年 11 月 23 日　星期三　雨转阴

天气日渐寒冷，困难群众的生活怎么样？精准扶贫的成效怎么样？今天下午，带着这些问题，我特地约了几位同志一起到乔口镇盘龙岭村走访看望贫困户，实地了解精准扶贫工作状况。

雨后的初冬，寒风刺骨。下午 1 点左右我们从区政府出发，40 分钟后到达村部。盘龙岭村位于乔口西部，自然资源缺乏，基础产业薄弱，2014 年被确定为省级贫困村，村里总人口 3200 多人，其中贫困户有 84 户。两年来，政府通过完善基础设施、设立扶贫基金、培育特色产业等帮扶措施，已有 47 户贫困户脱贫，应当说成效还是比较好的。如何帮助剩下的 37 户群众尽快脱贫，是我此行的主要目的，于是我们从中选取 3 户进行再走访。

在村部略作停留后，我们走过一段泥泞小路，首先来到了困难群众莫志红家。不大的房子里，有些凌乱、简陋。听乡镇的同志介绍，莫志红丈夫病逝多年，独自撑起了这个家庭，上有老人要赡养，还要供两个女儿读大学，平日省吃俭用，做些零工，是低保户。见我们到来，她有些惊讶和局促，村支部书记刘正科赶忙上前跟她说明来意，她这才放下心来，向我们讲了她的实际困难和一些想法。当谈到她学会计的大女儿毕业后还没找到工作时，镇党委书记王涧波说，镇开发公司正好在招聘会计，在同等条件下，可以优先考虑。从莫志红家出来，我便和大家商量，就业扶贫要作为一项根本帮扶举措，关系到改善困难群众的生产生活。各乡镇可以梳理一下，贫困家庭中有多少类似的情况，分门别类进行统计，请区人社局与企业进行对接，安排专场招聘会，让有劳动能力的贫困家庭优先就业、重点保障。

随后，我们又走访了因病致贫的刘凯华和陈桂新两户。其中陈桂新属于一户多残户，全家5口人身患程度不等的疾病，基本生活都难自理，依靠80多岁的老父亲照顾，曾蜗居在破旧的房屋内，无经济收入来源。自2014年被纳入精准扶贫户后，为他家"量身打造"了帮扶计划，实施了危房改造、进行低保兜底。还提供野鸭苗和黄桃树苗发展副业，日子渐渐有了起色，眼前这栋两层楼的新房就是今年盖起来的。在新房里，他欣喜地给我算细账，每只野鸭的纯收入有三四十元，黄桃树的收益每亩1500元……

走访结束后，我们在乔口镇政府三楼会议室召开精准扶贫工作推进会。乔口镇负责同志、各村（社区）支部书记、各联点单位负责人就目前工作成效、重点难点问题、下阶段打算等方面交流了看法。大家的发言都很实在，很接地气，对我提出的问题也都能准确回答上来。由此看来大家真正把精准扶贫当成了大事在抓，把困难群众装进了心里头。会上，我和大家一起商定下一阶段精准扶贫的主要任务和目标：一是措施要更精准。突出抓好产业扶贫、金融扶贫、劳务协作扶贫和危房改造等具体工作，打通精准扶贫政策落实的"最后一公里"；二是健全扶贫工作机制。定期开好扶贫工作联席会，搞好工作调度和督查，确保2017年实现省定贫困村、所有建档立卡贫困户脱贫"摘帽"；三是培训一支专业负责的扶贫队伍。加强扶贫开发政策的宣传宣讲，让人民群众看到希望、得到实惠。

尽管这些年全区经济社会快速发展，"三农"投入稳步加大，扶贫攻坚政策也越来越实，但贫困人口数量仍有万名之众，看到他们低矮破旧的房屋，以及身患重疾、行动不便的现状，我有一种愧疚之情和切肤之痛。要让这些群众彻底摆脱贫困，我们还有大量的工作要做。这种工作，不能是任务式的、表格式的方式来完成，而是要带着感情来思考谋划，带着温度来深入推进。扶贫，说到底，扶的是感情。

开完会已是傍晚时分，回来的路上，思绪久久不能平静，让我想起了郑板桥"衙斋卧听萧萧竹，疑是民间疾苦声。些小吾曹州县吏，一枝一叶总关情"的诗句……

安居与希望

中共长沙市望城区委常委、组织部长　周志辉

　　再次走进结对帮扶的王任远家，看到几间经过翻修的宽敞明亮砖房，我内心感到一点安慰，几万元的危房补助款，对于这个贫困家庭来说，实现了安居的愿望。

　　王任远年近八旬的老父亲王新凯看到我，颤巍巍地起身迎上来。与第一次见面时相比，老人家的精神好了很多。他紧紧拉着我的手，连声说了三次感谢。他告诉我，搭帮危房补助，把房子盖好了，再也不用为住房发愁了。患有精神疾病的儿子王任远领到了免费的药品，现在精神状态基本稳定，打人的情况很少了。家里也吃上了低保，基本生活有了保障。

　　王新凯不光儿子王任远患有精神疾患，老伴也有精神疾病。孙女在长沙读书，儿媳常年在外务工。第一次上门了解情况时，老人噙着眼中泪水一边诉说神志不清的老伴和发病打人的儿子，一边卷起衣袖给我看手上的累累伤痕。这位满头白发的老党员、老村干部，作为留守家中唯一一个精神正常的人，时时过着战战兢兢又无可奈何的日子。

即便这样的生活，他也没有多少抱怨和愤懑。我们给他生活上带来的每一点改善，他都再三感谢党和国家的好政策，并为自己给组织添了麻烦而表示歉疚。听着他的话，真让我感慨良多，怎样加强对老党员、老村干部的关心关爱，怎样加强对弱势群体的帮助帮扶，我们要做的工作还很多、要走的路还很长。

我敦请镇、村相关人员，一定要做好他家里有关人员残疾证办理和精神病治疗的事情，让老人家安享晚年。在谈到今后扶贫工作时，大家一致认为带领群众脱贫致富，是全体党员干部义不容辞的责任！群众的想法、要求和期盼，就是我们工作的重点和中心。具体来说要做到"四个好"：

一是要"带好头"。老百姓常说："送钱送物，不如建个好支部"。要实现精准脱贫，就必须打造一支强有力的"领头雁"队伍。要以今年的村（社区）"两委"换届为契机，选优配强村级班子，把政治素质好、带富能力强、有奉献精神、公道正派、廉洁自律、群众公认的优秀人才选进"两委"班子。要把基层组织真正建设成为坚强领导核心，加强对村级骨干队伍的教育培训，切实提升他们的服务能力和带富能力，为打赢脱贫攻坚战提供组织保证和智力支持。

二是要"扶好志"。扶贫先扶志。要注重激发老百姓脱贫的内生动力，引导他们树立好日子靠干、新生活靠拼的意识，依靠自身努力脱贫致富。要把教育资源向贫困村、贫困家庭倾斜，多组织专家送课下乡、送技术下乡，促进职业教育培训与产业发展精准对接，让贫困群众多掌握一些脱贫致富的技能技术，增强贫困家庭勤劳致富的底气和信心，把"要我脱贫"的目标任务转化为"我要脱贫"的强烈愿望。

三是要"选好路"。为有源头活水来。只有找准一条可持续的增收致富路，才能真正实现摘穷帽、拔穷根。要下大力气培育优势产业，突出本土特色，以美丽乡村建设为主题，打造些个有特色有亮点的示范片区，发展乡村旅游业，鼓励和扶植贫困户经营家庭农场、农家乐等，增加创业增收的渠道。要因户施策，利用本地资源优势，培育和引进农业合作社，通过发展种养殖业，让农民有稳定的收入，真正实现脱贫致富。

　　四是要"兜好底"。对没有发展能力的特殊贫困人群，更要加大帮扶的力度，必须以"一个也不能少"的精神抓好精准扶贫工作。要加大政策兜底力度，实施"保扶结合"的反贫困政策，大力加强医疗救助、临时救助和慈善救助等帮扶工作，解决因病、因灾、因学返贫问题。

　　返程中，车子沿着蜿蜒的村路行驶，看到望群村精心打造的官塘坡示范片，桃花灼灼、蜂蝶飞舞，已经有慕名而来的游人在拍照流连，美丽乡村建设的成效已经初步显现。我相信，只要我们和群众心往一处想、劲往一处使，脱贫摘帽、致富奔小康的美好梦想就一定会实现。

老王家的路

中共长沙市望城区委常委、宣传部长 姚建刚

2017 年 1 月 23 日 星期一 晴

　　一大早，接到老王的电话，说他家的水泥路通了。我抑制不住内心的激动，虽说离过年只有三天了，手中的事还很多，仍然忍不住要过去看一看。

　　驱车半小时，便到了王家垅，过一个塘基，拐一个弯，再上一个坡就是老王家的后山了，新修的水泥路正好从后山的中间直插过去。老远就看见老王站在水泥路口张望。看见我的车，老王跑了过来。我赶紧下了车，看得出老王今天特别兴奋，一把握住我的手，连声说："通了，通了。"我知道老王在说什么，故意跟他逗个乐，"老王，什么通了呀，思想通了还是路通了？""都通了。"老王回答得很艺术、很干脆，话语里裹着喜悦的笑声。

　　老王牵着我的手，快步朝水泥路走去。老王走路很快，我带着小跑才能跟上，特别是一只手被他拽着，甩不开膀子，走起来还真不方便。本想把手抽出来，但老王好像没有松开的意思，也就只好算了。那是一双粗糙得有点刺手的手，握着他，感觉特别温暖和踏实。

水泥路不宽，刚好能过一台货车；水泥路很短，不到 50 米。走在上面，我有一种走在幸福的康庄大道的感觉。

记得前几次来老王家，都要从他家前面一条蜿蜒曲折的山间小路走过。与其说是路，还不如说是"走的人多了，也就成了路"。经过这条小路到老王家，要走好几分钟，少说也有两三百米。

第一次来时，我找老王聊："怎么就没想起重新找条路呢？"

老王说："习惯了，也就没去想那些事。"

我说："公路通，百业兴。"

老王迷惑地望着我，看来，与群众谈心还真不可文绉绉。

我赶紧换了一个话题，问老王喂了几头猪？因为进来时，老远就闻到了猪屎味，估计这次肯定一问一个准。

老王说："一头母猪，前些日子下了七只崽仔，全喂了。"看来，老王是个勤快人。

打开话茬子的老王也很健谈，他说："猪好喂，就是没人要，眼看猪都长大了，可没人来问。""细伢子又要开学了，学费就全靠这几头猪了"。

老王 62 岁，一家三口人，妻子疾病缠身，儿子在读大学，妻子的药费和儿子的学费是他家沉重的负担。我起身去猪舍看了看老王喂的七头猪。确实喂得好，膘肥体壮，见有人来，嗷嗷直叫。

我问老王："如果有人来买猪，猪怎么出去呀？"

老王说："将猪赶过这条山路就到马路上了。"

"要是有一条路能开车进来，我估计来买猪的人会多点呢。"我试探性地问老王。

老王说："那应该是吧。"

"那我们找一找有什么地方能修路进来？"我有点兴奋了，语速有点急促。

其实，来老王家之前，我早已找村里的同志了解了一下老王家的情况。老王勤快，但思想有点固执，接受不了新事物，与外界也是半封闭状态。

在老王家后山中间，有一条小巷子连接山后的公路，只几十米长，如果拓宽点，是可进出车辆的。前些年，村上做过老王的工作，没做通，他说太方便了，小偷也方便，故小巷子还被老王用篱笆挡了起来。

见我又提修路的事，老王仍然有点戒备，我只好乘胜追击，赶紧说："只要路通了，我保证你的猪有人买。"

一提有人买猪老王便面露喜色，有点腼腆地说："后山有条路，你看行啵！"

那一次，我和老王还有村里的同志一起仔细勘察和研究了修路的事。巷子很窄，杂草荆棘丛生。我鼓励老王要自己动手，把草和灌木清理干净，把巷子拓宽点。我告诉他，路基一定要自己挖，挖出一车宽，猪才能用车拖出去。背后，我又交待村里的同志，对照水泥路"户户通"的政策，帮老王把水泥打好，不足部分，我们大家再帮一点，并嘱咐好书记帮老王介绍几个买猪的来。

今天，看见老王这样高兴，估计他家的猪也有着落了。果不其然，老王一直把我拽到猪舍，激动地说："还是你讲得灵，路还在修，就有两批人来看猪了，都说等路修好了再开车过来拖。"

看着老王那高兴劲儿，我也由衷地高兴。习近平总书记说过，"扶贫先扶志"。扶贫要扶"精气神"。贫困家庭的人不怕苦、不怕累，做事勤快，舍得搞，只要观念变了，思想解放了，信心足了，再帮他们规划些切实可行的事，我相信，脱贫的日子就在眼前。习近平总书记在十八洞村时，就给我们做了榜样。他说："还是给你们搞'几条腿'来吧——一户养几头黑猪，一头黄牛，再养几只山羊，这总能办得成。"

从老王家回来，我感到心情特别舒畅。老王家的事解决了，这个春节，我也会更踏实、更安心。

一路扶贫 一路感动

长沙市望城区安全生产监督管理局 陈文武

2016年5月19日 星期四 晴

　　我局扶贫的淑一村是省定贫困村，是由原来的桃林村和金良村合并而成的大村，有6000多人。今天扶贫工作队调查走访十户村民家，家庭状况各一，一言以蔽之，就是深陷贫困。

　　在调查走访中，我们了解到，他们之所以贫困，或因病致贫，又以癌症诸多；或因老致贫，劳动能力下降，生活境况窘迫；或因学致贫，孩子上学是件好事，但学费和生活费，对他们是天文数字；或因愚致贫，有智障、缺文化知识而致贫。

　　在致贫困的各项因素中，最主要的是因病致贫。今天调查走访的十户贫困户，基本都有病患者。朱正红因意外车祸丧失劳动能力，妻子患癌症，母亲年老，儿子年幼；周铁钢本人体弱多病，儿子残疾，妻子弱智，女儿读书；廖群清年老体弱，患有癌症，独自一个人生活；叶桃失独家庭，无子女；张爱华丧偶，年老残疾，子女又体弱多病；文进军，丧子多年，夫妇均年老体弱多病，儿媳患慢性疾病；

鄢友香一人生活，丈夫患癌症去世，欠下巨额医疗费……疾病是他们的大敌。一个家庭，如果有一人得了大病，对这个家庭来说，生活将被打乱，承包地没人种了，更何况为了治病救人，可能把紧巴攒下的一点积蓄全花掉，还可能欠下几年也难还上的债务。

在走访中，遇到了一些让人感动的故事。我和同事到一个60多岁的大伯家，他老人家患有较重脑血栓、心脏病。我们离开他家，腿脚不便的老人非要出来送一送，并说："你们让我送一送，不知道你们下次来还能不能看到我。"听了这话，我们一行心情都非常沉重。已经走出很远了，老人还在那里挥手。

最让我们感动的是他们对扶贫工作的认识。当他们接过慰问品时，都一个劲儿地称感谢，说共产党政策好，习主席时刻牵挂着他们。甚至接过慰问品，抑制不住内心的激动，热泪盈眶。这样的场景很多很多，我深深被他们的微言大义而感染，被他们对党和政府的真情而动容，被他们的憨厚和质朴而感动。我将把这份感动化为一种动力，在精准扶贫、精准脱贫工作中，奉献自己的力量。

加大对精神病人的关爱

长沙市望城区大泽湖街道　陈伏祥

2017年1月24日　星期二　晴

忙碌而充实的一年即将过去，年前办公室工作已安排好，但还有一件事是我今天必须要做的：到东马社区的朱学文家看看，他是我精准扶贫的对象。

我在刚联系的时候，通过社区、组朱学文家的情况已了解清楚，朱学文是个单身汉，今年37岁，在8岁多时发现有精神病，因家庭条件不好，一直没有就医，现在视力接近失明，丧失劳动能力。家中有弟弟、弟媳，弟弟朱学武是水电工，弟媳无工作，也无生育能力。因老项目征收，现在他们三人都住在重建地。再过2天就要过年了，小年前我去过一趟，虽送了些物资和慰问金，但我还是放心不下，想看看他们家过年的准备情况。

下午，天空下着蒙蒙雨，我径自来到朱学文家。一楼大门开着，我走进去，看到他和他的弟弟、弟媳在烤火看电视，他们见到我后连忙让座，端上热茶。我问他们，快过年了，家里是否都打点好了，还有什么我能帮忙的。朱学文的弟媳抢先说："干部前几天送来了米和油，还送了慰问金，我自己也种了一些蔬菜，过年家里人客不多，七七八八的东西置办得差不多了，请街道领导放心。"我又问朱学武，打工的工资结了没？来年有什么打算，他回答说："我们打工的，做一天事，赚一天钱，别人一般还是不拖欠的。只要人勤快些，老板看我人勤快，有什么事就会介绍我去做。我没有什么要政府帮助的，只是我哥哥朱学文，精神病已经这么多年了，时常发疯，也不可能找个伴照应。我妻子为了照看这个家，没有出去打工。看政府是否能继续关照，在需要帮助的时候能伸出援手。"我告诉他们，党和政府一直都很关心他们，尤其对精神病患的照顾一刻也没放松，街道也会极力加大对特殊人群的照顾力度。

我一直将他们的需求收集，常与村组沟通，与街道民政办沟通，咨询精神病人有哪些特殊救助，申请救助的程序，村组平时有些什么样的照顾。现在政府对扶贫工作非常重视，针对精神病人我们还能做一些什么呢？

我想，有了党和国家越来越精准的扶贫政策，加大对精神病患者的帮扶力度，关爱朱学文这类的精神病人，让他们及家人对生活充满信心，能过上舒心的生活。

2017 年 1 月 18 日 星期三 雨

刘仕爹第一个签协议书

长沙市望城区大泽湖街道 陈庆

根据大泽湖街道党工委、办事处的统一部署，我的精准扶贫联户对象为南塘村 13 组刘仕明，57 岁，他是孤寡老人，五保户，依靠低保资金、打零工维持生活。

今天，我和南塘村村干部黄德山冒着严寒再次来到刘仕明家，送春节慰问物质。

"刘仕爹，今天没有出去呀？"我问道。

刘仕爹忙拿出白沙烟，招呼道"陈主任来了，没有出去呢，请坐请坐，抽袋烟吧。这么冷的天，到我家来还送这么多东西，真是太感谢啰。"

"刘仕爹，感谢你对轨道交通地铁四号线星城车辆段项目征拆工作的支持，你是我们整个项目 53 户中第一个签订《房屋拆迁协议书》的，按期腾地的征拆户，我代表党委政府感谢您。"

刘仕爹憨厚地笑着说道："陈主任快别这么说了，项目建设，我们肯定会支持的。你还别说，当我听到轨道交通地铁四号线星城车辆段项目落户在我们这里时，心里还不知多高兴，好几个晚上都没有睡着觉，太高兴了。黄干部（南塘村村干部黄德山）打电话，要我去你们指挥部签订《房屋拆迁协议书》，我没有多想就答应了，并签订了协议书。我总认为，这些年，党委政府对我关心够多的，政府又不会让我吃亏。"

我说道："刘仕爹，政府是公平公正的，特别是项目征拆工作是阳光透明的，我们把所有项目补偿资金全部公示在项目指挥部和组级主干道显眼的地方，你们随时可以参考别人的补偿资金，监督我们的工作。"

刘仕爹带着一种自豪感说道："是的，是的，我晓得。当我在 2016 年 12 月 23 日上午签完《房屋拆迁协议书》，拿着你们发给我的 20000 元奖金回家时，周边的人好多骂我，说我不该这么早签字，说我是猪，我才不理他们。陈主任，告诉你一件事，我现在辞工了，没有在保洁公司上班了，我快 60 岁了，辛苦大半辈子，也该享清福了。"

黄德山主任说："刘仕爹，你一下子有这么多的征收款，你可要好好保管的，别受他人蒙骗，到外面放高利贷或'买码'。你忠厚老实，如果有适合的，还是找个伴。"

刘仕爹笑道："黄干部，我这人不会蠢到把征收款存到别人手里。我现在把征收款存在银行，手里只留万把块零花钱。找堂客就算了吧，我这人单身惯了，一个人自由自在的。陈主任，帮个忙，我现在有 55 个平方的购房指标在手里，我自己要买套房子，你帮我看看，买哪里的限价房好些？"

"买限价房，你可以买滨水铭城楼盘，也可以等到明年买月亮岛街道中华岭村那边的限价房楼盘。要不，等到明年中华岭村限价房楼盘开盘再买也可以的。"

"哦，好呢，我听你们的意见。有个固定住所，才像个家。到时候，明年限价房楼盘开盘一定要记得通知我的。"

"一定会的，我们街道、南塘村一定会通知你们征拆户去购房的。刘仕爹，我们就不多坐了，下次有时间，再来坐。若有什么困难，要我帮忙，你就直接打我电话。"我说道。

"好走，好走，欢迎陈主任、黄干部下次多来我家坐坐。"

　　看着他高兴的面容、惬意的表情、乐观的态度，听着热情、纯朴的乡音，对地方发展的理解和支持，我们衷心的希望他的下半辈子生活无忧、健康、幸福。

集中走访让大家陷入深思

长沙市望城区市政管理局　陈湘钢

2016 年 12 月 8 日　星期四　晴

今天，我局第五次对光明村联点扶贫进行集中走访慰问。下午 1 时，夏局长一行十余人带着米、油、棉被等物资，怀着激动的心情向光明村赶去。

柔柔的冬日暖阳，浓浓的乡野气息，冲淡了不时袭上心头的沉重。

夏美君老奶奶似乎料到我们要来，早就在门口静静地等着。这个 86 岁的老人若不是满头的银发及眼角的皱纹，又有谁会相信她的年龄呢？挺立的身躯，矍铄的精神，又有谁会知道她还一直在照顾 66 岁瘫痪的女儿呢？见我们到来，夏奶奶特别高兴，打着招呼一个个让进屋里后，东翻西捣寻找着什么，我们明白老人是要找点什么来招待我们，便连忙劝止了。我一把拉住老人，让她坐下来，然后，我们拉起了家常，详细地询问了老人家庭的实际情况，并向她转达了党和政府对她们的关怀。

与老人交谈，我们听到了一些乡野趣事及邻里见闻，知道她中年丧夫之后便和女婿一同照顾着瘫痪的女儿。现年事已高，女婿也 70 有余，靠低保及田地的租赁费维持家庭生活。虽然生活有些艰难，但我们却没有听到老人的抱怨之言。我们默默承诺，将尽自己的最大努力帮她及家人。

零乱的禾场、破旧的小楼，随处堆放杂物的房子，这便是李忠富的家。在我们见到他的时候，他正在禾场上徒手扒拉着什么。他正在上学的女儿、学徒的儿子、患脑梗塞多年且每况愈下的睁着一双混浊的眼睛、口齿不清地向我们打着招呼。由于脑梗塞的后遗症状，已基本丧失听力，语言表达能力也越来越弱，无论我们大声说着什么，他也只是自言自语。我们无奈地放下慰问物资，心情沉重地离开了。

秦长武，易运三……当我们走完联点的十一户对象后，暮色开始悄悄笼罩着这个美丽的村庄。与我们来时相比，大家心情有些压抑、有些沉重。在我局联点的这十一户人家里，竟有 80% 的农户身残多病、缺失劳力、无收入来源。精准扶贫，我们号召社会、个人积极参与、出钱、出力、出技术发展产业，但我们面对特殊的个体，能为他们做什么呢？"微薄之力"又怎能让他们卸掉沉重的包袱呢？

一排排黑色倒影从窗前疾速掠过，车轮滚滚向前驶离，车上人们都陷入了深思……

授人以鱼 不如授人以渔

长沙市望城区丁字湾街道 蔡万军

2017 年 1 月 25 日 星期三 晴

今天是农历十二月二十八了，天气晴朗，温暖的阳光照耀着大地，新镇的大街小巷，农户家中，到处张灯结彩，呈现出一派祥和的气氛，偶尔还传来一声声鞭炮声，传来一阵阵小朋友的欢声笑语，处处透着过年的气息。

吃过中饭，我和村主任周振杰一起走访帮扶的扶贫对象。先走访了周主任的联系户李文军兄弟俩和李爱存，接着走访我的联系户常水文和夏志安。

常水文家住麻潭山上，家庭人口 5 人，夫妻俩都六十多岁了，十年前妻子因脑溢血瘫痪，生活不能自理，为肢体二级残疾人，孙子刚满 2 岁，儿媳在家照顾老人和小孩。家庭收入来源主要靠儿子在外务工，以及低保和残疾人生活补助。当我们带上慰问物资和慰问金来到他家时，正碰上他的儿子、儿媳在拌嘴，春节临近了，由于交通不便，信息不灵，家里喂养的 100 余只鸡、鸭还有半数没有销售出去。得知拌嘴原因，我立即把他家饲养的鸡鸭拍照，在微信群里推发，当天就销售了 6 只。并安慰说不要着急，我们一起想办法并询问了他们家的春节物资安排情况和来年的打算，详细向他儿子、儿媳介绍了《长沙市望城区扶贫小额信贷工作实施方案》和来年精准扶贫的招聘信息，鼓励他们主动创业或应聘，自强自立早日脱贫。临出门时，常水文拉着我的手，激动地说："谢谢你们，感谢党和政府精准扶贫的好政策"。他们家的矛盾得到及时沟通、化解，我们也感到十分高兴。

告别了常家，我们来到了夏志文家。夏志文家 3 人，他为精神二级残疾人，妻子体弱多病，儿子在湖南工程学院就读。以前来过几次，都没有见到他儿子，这一次正好放寒假在家，我们详细了解了他的学习和生活情况。交谈中，我觉得小伙子是一位有思想有见地的青年，但内心略有伤感，我们鼓励他多参加社会活动，不要有自卑心理，并询问教育扶贫资金他是否已经领到，他说："3500 元的教育扶贫资金已经到位，解决了来年的学习生活费用，也解决了爸妈的一块心病，我一定努力学习，不辜负党的好政策，成为有用之才，回报社会。"接着，我又详细询问他妻子，韩学军上次向我反映金富三路拆迁户的青苗及鱼塘补助资金到位情况，这个情况是 11 月份走访时，她提出的问题，后来我积极与指挥部和施工方对接，了解情况，按政策解决问题。韩学军深情地说："蔡主任，真的谢谢你，如果没有解决好的话，我老公的精神病恐怕又会带发，搭帮解决得及时，你们放心，我们春节都安排好了，儿子的学习费用也有着落了，我们可以安心过春节了！"

通过精准扶贫工作的深入走访，我对进一步做好精准扶贫工作有了新的思考：精准扶贫工作，我们应该深入到群众当中，与他们真心实意地交朋友，解决他们的实际困难，了解他们的诉求，制定扶贫方案。"授人以鱼不如授人以渔"。我们不但要及时正确的宣传政策，而且要让贫困户知道做什么，怎么做。我们要想办法调动群众自身脱贫的主动性和积极性，只有这样，才能让他们真正既从物质上脱贫，又在精神上脱贫；只有这样，才能形成和谐向上的正能量，早日打好脱贫攻坚战，争取早日奔小康。

金成水乡让她心暖

长沙市望城区红十字会 邓燕洁

2016年12月6日 星期二 阴

　　无数次曾经路过六合围村，都未曾停下脚步好好欣赏。开展精准扶贫工作，我有了品读这里的机会。步入六合围，我便被这个美丽的乡村深深吸引，而走进六合围村联系的贫困户，深为震撼。

　　与向凤莲结对，缘于一次偶然的机会。那一次扶贫专题会议，在六合围村的会议室里，密密麻麻地坐着很多人，角落里的一个身影映入我的眼帘。我不禁打量起来：她朴素而得体的穿着，历经风雨略显苍老的面容，蓬松的头发往后随意挽起，一双清澈而明亮的眼睛。透过这些，我看到了她的淳朴、善良、坚韧。当时我想联系的扶贫对象如果是她，那就好了。

　　会后，与帮扶对象见面，竟然真的是她。伸手相握的一刹那，我知道，我们的缘分开始了。

　　车子在雷锋北大道拐了一个弯，看到一栋刷着黄色墙漆的二层楼房，便是向凤莲的家。这样的家庭，还需要帮？我心不甘情不愿地推门而入，只见暗黄而斑驳的墙壁，最干净处是贴满奖状的地方，古旧的木床、简洁的家具，都印着岁月的沧桑。电视机和半自动洗衣机，了解到是邻居换新时送给她的，才打消了刚才萌生的念想。

坐在木凳上，我们便聊了起来。早些年，向凤莲一家四口生活得很幸福，丈夫在外务工，她在家带着两个女儿，淡然而平静。她丈夫患病后，变卖家当、用光积蓄，倾其所有也没能留住他。这沉重的打击还没缓过神来，大女儿又病了。当时，向凤莲觉得天都快塌下来了。公公婆婆近亲结婚，丈夫兄弟五人，已有三人因病相继离世，条件又不好，至亲无人可帮。看着重病的大女儿、求学中的小女儿，伟大的母爱让她坚强地挺着，撑起这个摇摇欲坠的家。

了解情况后，我们联系到金成水乡的王总，他是一个爱心企业家。沟通后，王总为向凤莲提供一个就业岗位，工资比同职位的人要高，工作时间较其他人也自由，以便她照顾多病的女儿。有了固定收入后，向凤莲的生活日趋安稳，我也心安了些。

其后的几个月，我上门探望总能从她的脸上看到笑容，那笑容不再牵强；电话联系，那声音不再低沉。昨日气温急降，又想去她家走走，看看近况如何。电话联系后，我得知在这样寒冷的天气，她还在从事户外劳动，便驱车前往金成水乡。看着匆匆而来、冻得满脸通红的向凤莲，我问她为什么不休息休息，她回答：王总人太好了，他让我休息，但我不能，我要感恩，与天气关系不大。一旁的王总也为之动容。朴实的话语，深深地感染着在场的每一个人。

室外，树叶在寒风中飘零，柳枝在冷雨中摇动，而金成水乡，却似冬天里的一把火光温暖如春。

让心和他们贴得更近

长沙市望城区白箬铺镇 董湘兰

2016 年 10 月 17 日　星期日　晴

　　2016 年 9 月，镇党委、政府调整我为白箬铺镇淑一村联村干部，并分派二户贫困户给我。在这个月里，我在党委、政府的统一部署下进村入户，精准识别、建档立卡、分析村情、民情，认真履职。

　　为了进一步落实精准扶贫工作，坚持贯彻中央帮扶精神，10 月 13 日我开始走访慰问活动。在村干部的带领下，我到了我联系扶贫对象文从二和黎义贵家中，了解了他们致贫的原因，针对贫困户致贫原因实施帮扶。并跟他们宣传精准扶贫政策，将宣传手册发放到他们手中。

　　10 月 17 日一早，我驱车来到村委会，在村干部的带领下，我将慰问品及时送到了他们手中。当我掏出两百元放到他们手中，说是我个人的一点心意时，他们说什么也不收，我说："你们就把我当成你们的一个远方亲戚。家里如有什么困难，需要我提供帮助的，就及时跟我联系，我一定想方设法帮助你们解决一些困难和问题。"老人看我说得这样诚恳，这才收下，并再三表示感谢，握住我的手久久不肯放下。此时，我看到老人眼里有泪花在闪动，我感觉我的心和他们贴得更近了。

离开老人的家里，老人还有些依依难舍。今后我会把自己看成扶贫户中的一员，经常去探望他们，帮助他们，为他们家的脱贫尽自己最大的努力。

年前再走访

长沙市望城区白箬铺镇 冯晓妹

2017 年 1 月 22 日　星期日　晴

　　今天，离过年仅五天了，不知道我的三户扶贫户近况如何了，能不能过一个祥和的年。刚好党委政府安排了慰问扶贫户的物资，我在村部领了物资，带着一丝忐忑又到了我的扶贫对象家。

　　2016 年 10 月 12 日晚我打电话给我联系的帮扶贫困对象黄国强和李万民。我了解到黄国强家有 5 口人，其夫妇年老体弱多病，大儿子失踪至今未见人，二儿子近四十成家，有一小孩上幼儿园，家中收入低，负担重。李万民家 4 口人，他因患病窦综合症，医疗费用巨大，儿子还在读书，家庭因病致贫。

　　次日一早，我驱车到村委会，在村支书的组织下，我及其他帮扶干部陆续下户。我将精准扶贫等多项政策详细告诉黄国强，并在帮扶卡上面详细记录入户情况。因为他家在 2016 年已脱贫，我告知他，脱贫不脱政策，将扶贫手册小心翼翼放进柜子中。接着赶到李万民家。在门口看到一神情黯然的中年妇女。文主任说："她就是李万民的妻子。"

我连忙走上前拉着她的手说："大姐，你好，你的手怎么了？"她回答说是摔的。老公的病刚花用了不少钱，现在自己的手又摔成这样，什么事都做不成，还有个儿子要读书。

"他们就是来帮扶你家的，大家会一起帮你们家度过难关的。"文主任安慰她。于是，你一言我一语的聊起了家常，原本冷清的小家顿时热闹了起来。

11 月 25 日，我又到黄国强家走访。黄国强的儿子黄正阳躺在床上，经询问才得知是骑摩托车摔的，摔得还挺严重的，半边脸都肿起来了。黄国强的媳妇刘红英在宁乡打工，因丈夫摔伤了只得请假在家照顾。我们看着十分心塞，掏了二百块钱让他们自己去买点营养品。李万民家的情况让人欣慰，李万民外出做事了，其妻的伤也好得差不多了。

12 月 9 日，扶贫办通知我又新增了一户，户主患肝癌过世了，家里还剩一个老母亲，妻子和儿子，儿子还在读书，妻子在外打工。因治病花光了家中所有的积蓄，还欠亲戚朋友很多债务。接到通知，我邀村妇女主任文主任一起去走访。杨寿平不在家，外出打工了，只有老母亲一个人守家，知道我们的来意，颤颤巍巍地走向一旁的老房子，摸出一把很古老的钥匙，打开古老的柜子，再摸出一把小钥匙打开一个很古老的木箱子，拿出我们的帮扶卡，说之前的帮扶对象也很负责，来了多次。上面走访记录密密麻麻。我接过沉甸甸的本子，满满的都是责任。接着又走访了离得不远的黄国强和李万民二户。

今天，我首先来到杨姐家，杨姐还是没在家，只有老母亲在，她说杨姐还没放假。我放下慰问物资，给杨姐打了个电话，询问了下近况，得知她要二十八才放假。又走访黄国强和李万民户。他们都在外赚钱，为生活努力。

走访在不知不觉中结束了，但我的心情久久不能平静。精准扶贫攻坚战已经到了啃硬骨头、攻城拔寨的冲刺阶段，我相信，在党委政府、社会的不懈努力和后盾单位的大力支持下，通过扶贫户自身的努力，最终一定能脱贫致富，全面步入小康社会。

这个家庭会重燃生活希望

长沙市望城区乌山街道党工委副书记 冯峥

2016 年 7 月 27 日 星期三 晴

今天是群众工作日，在八曲河村部签到后，我来到了精准扶贫联系户谢正良家，他家的情况我已熟悉不过。当我来他家时，患有舌癌的他显得十分开心，搬椅子、泡茶让我坐下。他妻子也从邻居家赶回，向我述说他们家近况。由于病情逐渐严重，夫妻俩几乎跑遍了长沙大大小小的医院，只要听到有希望治疗的消息就马上赶过去寻医问药。但因病情复杂，加上治疗费用昂贵，使得病一拖再拖。妻子为照顾丈夫只能守在身旁，无法就业工作。他妻子十分贤惠，既照顾一个病人，又把家里收拾的井井有条。

谢正良有两个女儿，均已成家。其妻坦言：我们家是因病返贫，谢正良没生病之前，他靠自己挣出了一份家业，盖起来一栋楼房，把两个女儿养大。可自从生病后，家里再多的钱也填不满医药费这个无底洞。现在两个女儿都在打工，我最担心的就是他们工作问题。

与谢家人聊了一会儿，我便起身前往下一户人家了解。但是谢家的情况我没有忘记。晚上坐在书桌前，我仔细的思考，究竟要采取什么方法帮助他们重新燃起对生活的希望，帮助他们摆脱贫困呢？按照中央精准扶贫的要求，扶贫不是慰问慰问，要从根本上让他们脱贫。我认为，造成这个家庭贫困的原因在于谢正良患病。首先，我要通过自身的关系帮助其打听到能治疗或者缓解这个病的医院。其次，要联系村、街道、区各级的民政部门，为其办理医保，冲销部分医疗支出。最后，我想这个家庭的未来在于两个女儿，我应当在能力范围内帮其找到一份稳定的工作，真正让这个家庭有稳定的收入来源。我们街道园区企业数量多，要为其物色几个岗位。在后续的工作上，我相信通过这几步，这个家庭会重燃生活希望。

我在那一抹泪水中坚定信念

长沙市望城区交通运输局　郭铁

2016 年 10 月 28 日　星期五

　　10 月 28 日一大早，和往常一样，我带着记录本和资料匆匆走进了三桥村。细雨下个不停，似乎滋润着那颗久居城区，而禁锢在单位与家两点一线之间有点枯燥和麻木的灵魂。撑着雨伞跨过一沟一坎，心里惦记着住在水一角、塘一侧的贫困户们……

　　走过一段湿润的水泥路面，拐过邻居家的墙角，我走进了何军武家。这是一栋二层的房屋，破旧不堪。何军武是老实巴交的农民，靠一亩多责任田和帮邻居家做点零工养家。而他的妻子患癌症和红斑狼疮已经十来年了。积年的贫弱、加上巨额的医疗费用，这个家，已经在风雨中飘摇。

　　屋里很安静。也许由于下雨的原因，房间里黑黑的。"何军武……何军武——在家吗？"推开虚掩的堂屋门，我小心地唤了几声。"在……是郭主任吧？我屋里男人不在家，您进来坐吧……"房间里传来了弱弱的声音。推开那张陈旧的木门，一眼看到何军武的妻子正在费力地支撑起身体，从床上慢慢地坐起来。"你躺着吧，没事，我自己坐就行了。

你怎么了？最近身体又不行了啊？"我拉了张椅子坐在床边，开始和何军武的妻子唠嗑家常。"哎，老了，身体也越来越差了，昨天刚从医院出来，癌症和红斑狼疮都要化疗……"她吃力地述说着自己的病情和最近的状况。

在部队里磨练了好些年，我向来觉得自己是一个坚强的男人。可是，听着眼前瘦弱不堪的女人平静的述说，内心竟然伤感、同情，五味杂陈，久久不能平静。"你生活上有什么困难吗？有什么需要我做的？"我情不自禁地开口问。"郭主任，谢谢你们经常来看我，都不好意思给你们、给政府添麻烦了，没有什么事了，只是……我只希望在我还看见太阳的日子里，和一直不离不弃陪伴我的老头子一起解决提水的问题。前几年在厨房门外打了口深水井，可每天要提水进厨房，怕他啊……以后提不动。哎，屋顶也几十年了，有些开裂，都不知道我不在了，老头子一个人会不会上去修，会不会漏水。"她的声音沙哑而哽咽，还带着一丝生怕强人所难的惶恐，我仿佛看见一个善良苦难的灵魂在苦苦挣扎。听着听着，眼前有些模糊了。我"嗯"了一声，郑重地点点头。

随后，我们爬上二楼阳台、屋顶、厨房，按要求完成系统审批所需要的照片……离开何军武家，我告诉他妻子，我和罗主任去镇上协调解决危房修缮问题时，她那张被病魔摧残的深灰色脸上，像一缕阳光撕破阴沉的天空，露出欣慰和些许兴奋的笑容。

我坚信，在三桥村精准扶贫的脚步，我会走得更加坚实而有力！

扶贫之路虽然漫长，却大有希望！

长沙市望城区月亮岛街道党工委副书记、人大工委主任 郭荣辉

2016年10月14日 星期五 晴

　　沿着一条熟悉的小路，我和村上的李书记边聊边走。路边的一户群众显然对我们也比较熟悉，远远地向我们热情地招呼："你们又来了呀"，我们一边点头，一边向他们挥手致意。在基层工作了好几年，始终觉得群众是最纯朴的，他们的一声问候、一个笑脸，都是对我们最大的肯定和最好的鼓励。

　　到唐家时，女主人唐嫂正在菜地里忙活，见我们来，急忙放下手中的活儿，热情地招呼到屋里坐。我们见门口放着两条旧板凳，顺势坐了下来。她一面说着"咯杂凳子不好坐嘞"，一面快速地从屋里面搬出两把椅子，硬要我们换换，然后，又不听我们劝阻，进屋为我们泡茶。

　　每次来，她都是如此，必须把她认为必要的礼节都做好了，才肯与我们一起交流。看着她因多次手术而走路有些蹒跚的身影，我们心里着实不是滋味，却又不忍心去强行阻止她，因为在她的心目中，只有如此，才能表达由衷的感激之情，除此以外，她别无他法。

　　好不容易，她终于坐了下来，不善言辞的她嘴里一直在喃喃地说：感谢政府，感谢领导……还好，她对我们早不陌生，稍坐一会之后，她也平静了许多，开始和我们一起聊她家的过去、现在和将来。有些话，其实她已经说过多次了，但我们仍然耐心地听她诉说。有时候，诉说也是一种释放，是一种解脱，耐心倾听，也是对她的最大尊重，更是对她的一种关心与关注——尽管我们所能做的也许十分有限。

　　她说，由于大家的关心和帮助，她的大女儿已经找到了一份工作，工资虽然不高，但还勉强过得去。丈夫的腰椎间盘突出手术后还算稳定，由于村上、组上照顾，还安排做了一些轻体力活，赚一些零用钱，家里的生活比以前好了许多。说到这里，她的眉头也舒展了不少，眼睛里充满了希望。毕竟，她家遭遇了太多的不幸——自己病、丈夫病、孩子小，一路走来，经历了太多艰辛，太多的磨难。

　　最让她担心的，是她的小女儿。每次闲聊，她都会不自觉地提起，今天讲时，她的表情一下子变得阴郁起来。她一面捶着自己的大腿，一面低低地说：也不晓得是前世作了么子孽，让我养了个咯样的女嘞，都二十岁哒，还只有米吧高，禾得了罗……说着说着，她的声音有些哽咽，眼睛也有些泛着泪光。我们的心情也随之沉重起来，她女儿患的是侏儒症，我们也曾为之多方打听，但据目前掌握的情况来看，还无法治愈，她女儿的未来，充满了太多的不确定性。尽管觉得我们的慰籍也许有些苍白，但出于一种本能，也出于一种责任，我们还是尽我们最大努力去安慰她：你女儿虽然个子不高，但身体没有其他的缺陷；虽然没读多少书，但智力也没有问题，那么多残疾人、弱智者都要生活下去呢，你女儿也一定能过好自己的生活……

　　作为一个从农村里走出来的孩子，我非常享受与群众交流的过程，伴着田野的芬芳，了解他们的过去与现在，分享他们的幸福与艰辛，听取他们的建议与意见。

　　正当我们聊得正好的时候，手机响了起来，一个紧急的会议使我们不得不向唐嫂告别。临行时，我们照例拿点钱，她推托不受：太谢谢了，我家的日子现在还算过得去了，你们用这钱，去帮助那些更困难的人吧！

出来的路上，田野上突然刮过一阵凉风，但我心里却是暖暖的：扶贫之路虽然漫长，却也大有希望！

齐步康庄大道

长沙市望城区政务服务中心 高明

2016年1月13日 星期三 阴转小雨

今天是农历腊月十六，距离春节只有 14 天了。根据单位的精准扶贫工作安排，我们所有的干部职工都下村开展春节前精准扶贫慰问走访活动。户外温度接近 0℃，倾泻着蒙蒙小雨，刮着刺骨的北风。

大伙儿一大早齐齐地来到办公室，有的同志还提着几个大包小包，里面装着老人和小孩的衣服，还有年货。一看便知这是大家根据自己结对帮扶家庭的实际困难准备的慰问品。一行 22 人坐车出发在去湘江村的路上，雨还是下个不停，仿佛为我们洗尘，大家心里惦记着住在湘江边上的乡亲们。来到湘江村活动中心，村干部已经在等候我们了，大家各自带好自己准备好的慰问金和物品，在村干部的带领下，走在滑滑溜溜、坑坑洼洼的泥路上，深一脚浅一脚朝帮扶对象家走去。在他们家拉着家常、讲解扶贫政策，用笔记录生产、生活困难情况，用相机留下走访影像。风停了，水住了，大家心里暖暖的。天大的困难一下子仿佛也敌不过微笑的力量。

　　当我们走访湘江村徐萼云家时，50平米左右的泥坯房，随处可见透着光的碎瓦，脚踩在地下都留下深深的脚印，墙上还有几处杂草随风乱舞。虽然房子相当简陋，但是老人家却收拾的井井有条，简单有序。患有支气管炎的徐老告诉我们，他一生未婚，没有子女，身体患病多年，只要不是发病时期，他都出去帮乡亲们做点事打零工维持自己的生活，尽量不给政府添负担，自力更生，争取早日脱贫。同行的村干部介绍说：徐老今年65岁，为人老实，平日非常支持村支两委的工作，经常自带扫把、铁夹捡垃圾，为村容村貌出力。

　　从徐老家出来的路上，扶贫队长在谈到村里的困难时，村干部对我们说，湘江村经过摸底共有50户贫困户，虽然全村贫困面大，但是有信心通过努力，在2017年全面实现脱贫。

　　我们坚信，有各级党委、政府的坚强领导，举全社会之力打赢扶贫攻坚战，湘江村的贫困群众必将一道齐步康庄大道。

点燃困境中的希望

长沙市望城区长沙铜官窑遗址管理处　何莉

今天，我再次来到了我所联系帮扶的缪如意、贺凤辉两户贫困户家中，并送上了扶贫政策宣传手册及脱贫双向告知书。

缪如意是低保贫困户，丧偶，现在在长沙做临时工，每月收入大约 2000 元，除去日常开支外，还要供自己的儿子读大学，这对于她一个没有稳定工作的农村妇女而言，不大容易。见到我们，她很高兴。她说，很感谢政府对她家庭的帮扶，希望我们能够为她和她即将毕业的儿子分别找一份稳定的工作，能让他们通过自己的双手走出贫困。

贺凤辉，也是低保贫困户，有两个女儿，大女儿已经出嫁，小女儿在读小学，家中没有劳动力，贺凤辉在铜官电厂从事保洁工作，每月收入就是这 1400 元的工资。

每每看到她们，我总控制不住内心的感动，她们虽然家庭贫困，但不自暴自弃，坚持靠自己的双手去努力去拼搏！作为她们的联系帮扶干部，我觉得，在帮助她们脱离贫困的同时，更要拿出时间，在他们休息之时，更多地倾听他们的心声，用大爱温暖他们的心灵，想他们之所想、急他们之所急，让他们更多地感受到党和政府的关爱，以及对美好生活的向往和追求。在困境中看到希望！

老曹神清气爽了

长沙市望城区白箬铺镇　胡震

2017 年 2 月 5 日　星期日　多云

　　新年伊始，春节过后上班不久，我就惦记起贫困户老曹来，又向老曹家去了一趟。

　　还没有走到老曹的家里，就听见一阵阵熟悉的围鼓子响起，"咚咚咚……"一串串鼓点子声传到耳朵，我的心里不禁为之一振：老曹终于活得神气起来了。

　　算起来我已经去老曹家几十趟了，老曹家的事我太熟悉了。老曹69岁，爱人叶桃54岁，两夫妇在2004年的时候独子出车祸离世，他家成为了失独家庭。老曹是乐天派，喜欢吹拉弹唱。在年轻的时候唱过戏，现患有心脑血管病、气管炎、高血压等，已无劳动能力。叶桃为人淳朴老实，还能做些农活。

　　我从2016年联系他家，第一次见他们，虽然都是笑呵呵的，但透过笑脸，还是能感受到他们那一丝丝的忧郁。毕竟在以养儿防老的农村，他们从心灵深处还是难以接受丧子的现实。在他家来来去去几十次，老曹有一次看见我们财政所27岁的小伙子的时候，才怔怔地望着他说："要是儿子还在也应该和你差不多大。"其内心的痛楚溢于言表，叶桃那笑呵呵的背后又有多少泪水呢？

老曹一家有着太多酸甜苦辣。老曹年老多病，老是咳嗽，我看了心里也很难受。我要他去白箬铺卫生院就诊，老曹担心去卫生院要费钱多，只到附近的卫生所吊吊水。我耐心和他解释，卫生院给贫困户就诊可以报销90%的医药费，这样他才放心地去治疗。在2016年11月中旬，老曹每天步行去白箬铺镇卫生院，连续治疗了15天，他的支气管炎病得到稳定。

为了解决家庭困难，我介绍他们腌制点腊肉、腊鱼、打点红薯粉、喂点土鸡。第一次熏腊肉的时候，他为了省钱买的肉都是卖不出的肉，熏制之后的腊肉品相不是很好，没有销售出去，我爽快的将他的成品全部收下。这方面老曹确实一是没有经验，二是舍不得买上好的猪肉来制作腊肉。我委婉的从多方面和他说明顾客的心理，并打消他怕卖不出好价钱折本的顾虑。第二次老曹选择的猪肉和鱼的材质好，熏制的味道也要好，到年底的时候我通过微信平台和朋友圈都给他销售了，为他增加了千余元的收入。

老曹住在我村新打造的美丽村落，他家通过粉刷墙壁、平整禾场、种植花草，小院子美化起来了。叶桃又发展家庭副业生产，吸引来参观美丽村落的游客到他家里吃饭，我有一些客人也带到他家里，去年下半年叶桃净挣6000多元。在家门口挣到钱，既提振他们的自信心，又维护了他们的自尊心。

帮助老曹挣了点钱之后，我又想如何让他在精神生活上也丰富起来。村上要组织村民文艺宣传队，老曹爱好戏曲，是望城围鼓子戏的传人。我知道情况后积极鼓励老曹重新建立一个戏班子，这次他组织了7-8个人，恢复了多年前的戏班子。

听着这有节奏的鼓点声，看来老曹的戏班子有模有样了。走进老曹家一看，果然，只见七八个老者坐在一起。拉着二胡，敲着锣鼓，老曹坐在正中央，字正腔圆的唱起了望城民间小调。此时的老曹，仿佛变了一个人，他显得神采奕奕，从眉宇中透出自信心。在一旁围观的叶桃脸上也情不自禁，笑眯眯的。

叶桃告诉我，他们最近唱了差不多一个冬天的戏，正月要耍龙，老曹负责提灯。看着神清气爽的老曹夫妇，我这次觉得他们真正开心了。

曾大爷家低保取消后

2016年8月2日　星期二　晴

长沙市望城区铜官街道　洪嘉

　　早上出门，我就打电话跟领导请假，先不去机关报到，直接赶赴精准扶贫工作帮扶对象万星村曾丙炎曾大爷家里。因为昨天晚上"意外"接到曾大爷的电话，他怒气冲冲、情绪激动，电话里没有讲清是什么事，只说要我今天一定跟他见面。

　　曾大爷老伴过世多年，膝下只有一个未出嫁的女儿。曾大爷年事已高，长年生病，劳动力有限，经济来源更加有限。他女儿在外打工，因学历不高，基本只能维持自己在外的生活，很难对家庭有多大贡献。

　　从大马路去曾大爷家有一条泥路，看到我来，曾大爷就开始扯开嗓门，口里不停地数落着，像是在指责谁。我越近，他的嗓门似乎越大，但我走到他跟前，也没有听清楚他到底说了些什么。我带着笑脸迎上去，他还是没有消气。我只好好言相抚，费了些力气才让他安定下来。

　　原来是他的低保被取消了，让他难以接受，心里愤愤不平。起初，我也有些疑惑，一个精准扶贫的家庭，怎么就把低保给取消了呢？在未弄清情况前，我也不好跟他说什么，只能先安定好老人，然后到村部问明具体情况。

到了村部，正好村支书和主管民政工作的村干部都在。我打过招呼，就开门见山地将这个情况说了出来。村支书听说这个情况，既惊讶，也无奈。他告诉我，村上每年一次的低保评定都是坚持集体公开评定的方式，严格按评定结果来确定低保对象，曾大爷今年的评定结果刚好落在指标线之外，但因为一直以来都坚持同一标准、同一方式的原则评定，评选结果出来后，尽管觉得有些遗憾，但不能擅改。

古希腊哲学家苏格拉底曾说，程序和公正比实际的正义更重要。突破程序，会引起更大的不公。更何况评选低保的标准是统一，不是为某某量身定制的。

了解情况后，在往曾大爷家走的路上，我一直在想该怎么向曾大爷解释清楚。当我再一次远远地看见他的时候，他只是静静地站在大门口，看着我走近，他也似乎明白了。我还是把该跟他解释的话说了一遍，老人之前心里应该是清楚，这一次没有再多说什么。末了，我从口袋里掏出了400元钱，是这一路上我能想到的，也是我唯一能做到的，算是对老人的一点安抚。这个时候，老人口里喃喃自语，似有些歉意……

他们家就有希望了！

2017 年 3 月 22 日 星期三 小雨

长沙市望城区乌山街道 胡珊

　　谢姐，年近 50 岁，每次见到她的时候，都是一脸笑容，这是我对她最深的印象。她住在望城区乌山街道双丰村老铺子组，全家四口人，家里一栋老式楼房。从房屋的外观看上去，他们家之前的条件还不错。男主人，何哥，身体重度残疾，前些年因车祸，脑部受了重伤并伴有严重的后遗症，每年都要在医院住上一段时间。谢姐和何哥有两个女儿，一个在外打工，每月收入 2000 元左右，一个还在读大学。他们家是我联系的扶贫对象，低保户。

　　今天下午下着淅淅沥沥的小雨。我和村支书记、民政专干再次上户，主要是核对精准扶贫双向告知书等信息。听说何哥又住院了，今天刚出院。刚走到前坪，何哥从屋子里走出来，两只手揣在兜里，一看见我们就笑着说："嘻嘻，你们又来了？"谢姐连忙出来，同我们打招呼说，他们刚回家，忙着搞卫生，最近家里没住人，好多灰。

　　进屋后，村民政专干把要核对的信息，逐项核准核实。我认真记录着，将工作的具体要求和她们家目前能享受哪种政策——向谢姐详细说明。谢姐告诉我们，两个孩子很听话，小女儿趁着寒假也去打工了。还有国家给他们帮助很多了，只要等孩子毕业，他们家就有希望了！

他们家就有希望了！我反复咀嚼着这句话，胸中涌起一股敬佩之情。

没有深刻的道理，没有鸡汤的味道，这是一句多么普通的发自内心的平实话语啊！

约定

长沙市望城区农业和林业局　胡尧

　　泉丰村是一个美丽的村庄。沿着梅铜线到集镇十字路口左转两里路，就是村活动中心。走访那天，阳光普照，正在晒谷的老人告诉我，联系帮扶的对象杨老爷子就住在山坳。赶到他家，屋门紧锁，一通电话说明情况，他说刚好从养女家中吃过了午饭正准备回家。

　　跟邻居打听其情况，说他热情淳朴，请帮忙多关照一下。果然矍铄如他，骑着轻便的摩托车就回来了，一问，已满六十岁了。

　　与他一番沟通交流，让人感到亲切温馨。因我、同行人还要走访，便留下联系方式和一点儿心意走了。

　　联系帮扶让我有了牵挂，因不那么熟稔，便主动给他充了话费，方便今后联系。我的帮扶搭档是单位一位和蔼的前辈，也姓杨，相隔较远，之前我和他在微信上聊了聊情况，各自传了照片。

　　第二次去杨爷爷家，我留下了我们两个帮扶人的基本信息，宣讲了精准扶贫政策。老人家心态乐观、人也实诚。

帮扶搭档和他有许多共同语言，今后联系更方便了。

一个上午，他真的打来了电话，因为理解到这是对我的一份信任，我也就立即和他解释了电度数超额的实际和办法。

······

叮咛着天寒，要注意安全，这正是我担心的地方，一如对自己爷爷奶奶外公外婆。

约定下次见面的时候，还要送去一些御寒衣服。

2017 年 1 月 24 日　星期二　晴

物质与精神扶贫得双管齐下

长沙市望城区靖港镇　侯湘瑜

作为福塘村精准扶贫的驻村干部，我的扶贫对象中陈正球是一位单身老人，且患有肾病、高血压、风湿等疾病。身体和精神状况每况愈下，更是雪上加霜。

今天来到陈爷爷家，老人家正惬意的晒着冬日的太阳。他见我来了，老远就高兴的说："小姑娘，你来啦！感谢政府啊，感谢共产党！"他感慨着，"以前家里屉子里面到处是药，治肾病的，治风湿的，吃的、涂的、洗的。每次手头上有一点小钱，就要去药店买上好多药，大包小包的带回家。现在不一样啦，镇上扶贫干部、村上的书记到家里来，宣传了国家的政策，说我这种情况，去医院看病、住院不要一分钱。"说到这里，我不禁想到前段时间来到陈爷爷家，他说身体不适，了解情况后，我将扶贫惠民政策讲给他听，建议他去医院看病，对五保户是费用全免的。陈爷爷半信半疑。之后打电话，再次建议他去住院治疗。做了多次工作，他才去靖港镇卫生院进行治疗。现在看着陈爷爷面带微笑的脸，听着他由衷的赞叹医生医术高、护士热心肠和相识的病友，我不禁为他身体转好感到高兴，也为惠民利民政策落到实处感到高兴。

其实，最开始接触这位孑然一身又被病痛折磨的老人家，心中是五味杂陈。在帮扶中，我心中时时在思考：怎样才能从根本上帮助到这位老人家呢？如何实现经济层面和心理层面双脱贫呢？五保费、三无费、老年费等能够维持老人的基本日常生活。

常言道授之以鱼，不如授之以渔。通过实地考察，群策群力，秉持因户施策的原则，镇政府给老人家送来鸡仔 200 只让老人喂养。不仅自己能够吃上营养的鸡蛋，养殖也能带来一些经济效益，还能让老人平淡的生活增添了一些乐趣。

夜深了，我写下今天的点点滴滴，对进一步做好精准扶贫工作有了新的思考：及时宣传政策；想方设法调动群众自身脱贫的主动性和积极性，关心贫困户的生活细节等等。干部和群众之间就没有了距离，就会彼此信任。

为黄湘海圆"新房梦"

长沙市望城区审计局 黄婕

　　今天，我们驻村工作队第三次走访茶亭镇狮子岭村莫家组贫困户黄湘海，主要是了解房屋建设进度。

　　黄湘海，今年 79 岁，老伴已经 80 岁且多年患病卧床，是我局的重点帮扶对象。一家四口居住在三年前危房改造的毛坯房。因家庭经济窘迫，都没有粉饰，没有安装门窗，无厨房、卫生间。为切实解决住房安全保障的问题，作为驻村第一书记的我马上和村领导商量，将情况向局党组书记、局长熊建新汇报，熊局长听过后非常重视，8 月 23 日召开局党组专题会议，会议明确采取压缩局机关公用经费和全局干部职工捐款相结合的方式，共筹资 84800 元，送到了黄湘海手中。并在村干部和热心村民的帮助下，去圆他的"新房梦"。

　　快到黄湘海的新家了，远远就看到了房子前围着一些忙碌的人们。黄湘海的儿子看到我们远远地出来迎接。他儿子的转变也是扶贫的功劳。9 月 20 日，房屋建设开工的那天，老黄的儿子也从外地回来，看到我们大家都帮助他家修房子，心里非常感动而又羞愧不已，向我们道出了不堪回首的过去。他本来有一个比较幸福的家庭，因自己游手好闲、不务正业，妻子离他而去，母亲患病以后欠了不少债务，左右邻居无不叹息。但是通过村干部和驻村工作队员们与他进行思想沟通，他也答应一起修建房子，待房屋建好后再认真找点事做，把父母亲照顾好，把家维持好。

黄湘海的儿子迎着我们高高兴兴地向新家走去。通过20多天的紧张施工，屋面、水电、外墙、内饰基本完成，大约一星期后全面完工。黄湘海见到我们，说了好多感谢的话。随后，我们又和老黄在房屋四周转了一圈，就卫生间、厨房的位置作了规划。看着老黄开心的样子，看着他儿子洗心革面，像变了一个人似的，我们都打心眼里感到高兴。

拔穷根将带来精神之变

长沙市望城区高塘岭街道 黄雅恬

2016 年 11 月 13 日 星期日 晴

作为工作当中的"新兵"，今年是我第一次接触精准扶贫工作。自从习近平总书记在湘西十八洞村调研起，"精准"二字常见报端。通过走访，我也逐步加深了对"精准"二字的了解。

第一次走进我联系的帮扶对象家中时，我的内心受到很大的震撼。户主高迪青正值壮年，却因中风而造成身体二级残疾，从而丧失劳动能力。这对于顶梁柱式的农村家庭来说，无疑是晴天霹雳。更不幸的是，前段时间年迈的母亲又不慎摔伤住院。为了支撑16岁的儿子继续完成学业，他的妻子赴长沙打工，挑起家庭的重担。而他自己则与母亲留在家中，相互照顾。交谈中，我逐渐对帮扶对象有了更多的了解，高迪青为人老实忠厚，虽然身有残疾，但是思维清晰。他还是坚持做力所能及的事来减轻家庭负担。他儿子正是花样年华，家庭现实情况，面对萌生了弃学打工挣钱的想法。穷人的孩子早当家。我为这懂事的少年点赞，也为这样的现实而痛心，试想在人才竞争如此激烈的当下，不读书学习，如何能在竞争中取胜，又如何扭转家庭的颓势呢？

走访后，我与新阳村高主任进行了深入交谈，像高迪青这样的对象致贫的原因是显而易见的，因病致贫。目前来说家庭困难，最好是政府兜底帮扶。但从长远来说，他家脱贫的关键在于就业扶贫。高迪青可以加强锻炼，慢慢承担家里的家务，他的妻子可以就近安排就业，找到一份薪水高一点的工作，这样也便于照顾家庭。儿子完成学业后也可以和母亲一起撑这个家，再加上他本人每月享受200元的残疾人补助，总体来说，脱贫有望，生活会越来越好。

时值岁末，屋外艳阳高照，屋内贫穷揪心的现实反差时刻牵动着我的心。但是通过几次走访，我发现建档立卡的贫困户对于脱贫都充满信心。我想这看得见的脱贫变化，伴随着的是隐形的精神之变。建档立卡对象从"蹲在墙根晒太阳，等着别人送小康"，到积极进取、能干会算，不正是我区精准扶贫的实绩、脱贫攻坚的"潜绩"吗？

"去民之患，如除腹心之疾"。全区脱贫攻坚之战的号角已吹响，专项扶贫政策协同推进，政策兜底、造血开源，"精准"的工作思路更是前所未有。新的一年，新的征程，愿共同努力，拔掉穷根。

帮助他们，争取提前脱贫！

长沙市望城区教育局　黄立辉　柳勇

2016年11月18日　星期五　晴

上午，刚上班，普教科黄立辉科长就到了我办公室，说："今天下午去王正兴家看看。有段时间没去了，心里有点不放心。"

王正兴，家住金山桥街道金坪社区青江塘组，一家三口，挤在两间平房内。妻子残疾，需人照顾；王正兴52岁，无劳动能力；一女外嫁益阳，条件不是蛮好；儿子17岁了，没手艺没技术，赚不到钱。一家人的生活确实苦！

车停在路边，我抱着一袋米，黄科长提着两壶油，上了一个坡，就到了王正兴家。敲开门，看见两口子在昏暗的灯光下边烤火边看电视。看见我们来了，王正兴连忙起身，握着黄科长的手，非常亲热地打招呼。我们问他近况怎么样，王正兴一脸笑容："低保标准提高了，每月还有120元的残疾人补助，吃饭不成问题了；儿子也在先学技术，然后找工作；街道、社区、教育局的干部经常到家来问寒问暖，帮助解决家庭困难。女儿也经常回家看望，比原来好多了！"

王正兴的女儿远嫁益阳，回家一趟不方便。黄科长电话和她沟通，要她常回家看看；儿子17岁，没技术赚不到钱，黄科长鼓励他自强，挑起家庭的重担。看到我们做的工作有了成效，大家都特别开心。

不知不觉，聊了一个多小时。考虑到下午还有工作，我们便告辞回局。王正兴送到路边，紧握着黄科长的手，激动地说着感谢的话。

在车上，我脑海里不时回想起王正兴那感动的表情，那真挚的话语，内心非常的惭愧。我们只是帮助他做了一点点事情，人家就感激成这样。

"一定要尽最大努力帮助他们，争取提前脱贫！"我和黄科长不约而同地说了这句话，然后都会心地笑了。

2017 年 2 月 19 日　星期日　晴

因户施策，精准脱贫

长沙市望城区丁字湾街道　黄翔

按照区委精准扶贫工作的统一部署，9 月 28 –30 日，我来到联系户翻身垸村双建组精准扶贫对象罗铁钢家，开展"一进二访、精准扶贫"工作。

双建组罗铁钢，1998 年翻身垸村大堤溃堤，他家因住处翻身垸内，房屋都被洪水淹没。这些年来，他没有向集体伸手，要救助，而是自食其力、自强不息。又因身体不好，有高血压，重事做不得，家庭生活较为困难。

我约见罗铁钢，见他身体虚胖，个头不高。从他与我们初次见面的交谈中，我们知道这是个很有头脑、精明的人。罗铁钢告诉我们，因为承包的田土不多，农闲时节在外打工，由于身体原因，现在请他的很少。

他的妻子吴小艳，因有高血压，不能外出打工。她告诉我，家里的房子是 1998 年后从翻身垸内搬上来的，到现在有 18 年了，屋顶年久失修，现在已经开始漏水，二楼现在不能住人了。要解决屋顶漏水，需要万余元更换石棉瓦。因家庭收入微薄，无法全部更换，罗铁钢与家人商量，决定更换一部分漏水严重的烟瓦，但也要好几千元。他只好这个亲戚借两千，那个邻居借一千，东拼西凑才把屋顶修好。

2013年7月，罗铁钢的儿子在看护鱼塘时，不慎落入水中死亡。支村两委获悉后，积极争取民政救助。2014年又评定为低保户，解决部分经济困难！2015年7月，在年度低保评定时，罗铁钢低保政策被取消，计生奖扶符合要求，通过积极申请，申报成功，每个月每人可以拿好几百。我还介绍他去工地做事，每个月有两三千元收入。

没有信心就没有未来，面对罗铁钢家这样复杂的情况，我深知精准扶贫活动中精准二字的含义，就是具体情况具体对待，因户施策，精准滴灌。精准扶贫，无疑给罗铁钢一家带来了希望，下一步我将按照上级部署安排，竭尽所能，结合工作实际，制定帮扶措施，使罗铁钢一家精准脱贫。

在走访中思考

长沙市望城区黄金园街道 黄志国

2017 年 1 月 23 日 星期一 晴

　　年关将至，建档立卡贫困户的衣食住行问题是目前街道的头等大事，作为分管精准扶贫工作的副主任，近期我和社会事务办的同志们一起采购了一批棉衣、大米、食用油等物资，街道也组织召开了精准扶贫工作会议，同志们热情似火，利用休息时间将过冬物资送到了所联系的贫困户家中。

　　今天我逐一走访我联系的黄金园村任正强、朱运其、周庚生家，将慰问物资、慰问金送到他们手中。朱运其是一名残疾人，自己和爱人都没有工作，小孩在上学。走访中，他始终微笑，坚强乐观的精神让人心情舒爽。

　　反思我们现在正在进行的精准扶贫工作，确实引起了我很多的思考，贫困户致贫的原因各不一样，但绝大多数都是因病因残没有了劳动能力，在这些人丧失劳动能力以后，如何正确引导他们坚强自力，也就是我们常提到的如何进行思想帮扶，才是精准扶贫的核心内容，才是真正能让贫困户脱贫的内在因素。在今年的精准扶贫工作中，我

　　一定要将几户这样"身残志不残"的贫困户作为典型向其他贫困户予以推介，振奋贫困户的精气神，我觉得这一点在下一步工作中尤为重要。

除夕夜一个特殊的电话

中共长沙市望城区委宣传部副部长 黄跃新

2017 年 1 月 27 日　星期五　多云

　　今天是万家团圆的除夕，我突然接到一个特殊的电话。为什么说是特殊呢？我一个朋友受邻居委托感谢我的电话，我感到很奇怪。他告诉我原委：在老家过年，他与邻居闲聊，提到扶贫工作时，邻居讲起她的妹妹受到政府的关心和帮助，同时谈到我们，很是感谢我对她妹妹的帮扶。而这位朋友刚好认识我，于是他的邻居委托他一定要给我打这个电话。听到这里我很感动，也不好意思，做了那么一点点工作，不值得这么记着，同时说明我们的群众是多么善良、淳朴，只要真心实意为他们做事，哪怕是力所能及的一点帮助，他们和他们的家人也会记得的。

　　在精准扶贫工作中，我们联系高塘岭街道月圆村，我与姓樊的贫困户结对。她家情况非常困难。一家四口，男主人因病去逝，女主人 40 岁，智力残疾，连钱都数不清。两个女儿，大的已 12 岁，遗传性智力低下，小学都无法毕业。小的 9 岁读 4 年级，智力还算正常。一栋平房已经无法居住，村上和街道的干部正在积极筹款想帮他们修缮，争取来的钱还只能放在村干部手中代为管理。一想起他们我很是心酸，在技术上帮他们都不可能，只能在物资和精神意识上多帮助他们。每次去他们家，女主人根本不认识我们，电话也没有，接过慰问品时，只知道说谢谢。无论我们说什么她也只是嘿嘿笑，我是千叮咛万嘱咐，要她一定要把我们捐赠的钱交给放学回来的小女儿手中，生怕她把钱弄丢了或给别人，村干部曾说过她经常这样。

后来，我又把家中女儿读过的书籍报刊、文具等学习用品和干净的旧衣服清理好，不间断地送到他们家。一来二去，樊的姐姐知道了，而她正好与我这位朋友是邻居，听说认识我，一定要打电话感谢我对她妹妹一家的关照。转辗一个大圈子就为了这么一个小事。我很是惭愧，对于帮扶的对象我也真正找不到更好地帮助他们家脱离贫困的办法，樊的病情也不是一、二天就能治好，小孩还小，她们的学业还要继续，生活也还要继续，我们的帮扶工作也不能停止。

一个小小的电话，虽然是对我们工作的肯定，但更是对我们下一步工作的鞭策。让我略感欣慰的是，她家的房子已经修缮好了，住进了宽敞干净的房子。我真的替他们感到由衷地高兴，但愿他们日子一天天好起来……

扶贫要突显以人为本的精神

长沙市望城区市政管理局　黄倬

　　带着党和政府的关怀和温暖，我们一行人奔赴我们的扶贫点——白箬铺镇光明村。沿着黄桥大道一路往南，再经金洲大道往西，大约半小时的车程，便来到了美丽的白箬铺镇。这里环境优美，景色怡人，蜿蜒曲折的八曲河、白箬河共同滋润着这一方沃土。

　　光明村位于白箬铺镇西北部，面积 7.5 平方公里，共42 个村民小组，1066 户，3605 人。光明村原是交通不便、资源匮乏、经济落后的山村，是望城有名的贫困村。近年来，光明村就以建设新农村为契机，大力完善基础设施，着力整治乡村环境，积极发展特色产业，在短短时间内发生了巨大变化。先后被评为"全国生态文化村"、"湖南省文明村"、"湖南省新农村建设先进单位"。

　　在村干部的热情带领下，我们分组对联点帮扶对象进行慰问和扶贫政策宣传。来到我的帮扶对象秦长武大爷家里时，老大爷腿脚不方便，正坐在院子里晒太阳。看到我们到来，他妻子文坤明热情地迎了上来。两老告诉我们，他们家现有 5 口人，大爷今年 73 岁，肢体三级残疾。大娘视力不好，家庭生活困难。我们耐心细致地对扶贫政策进行了宣讲，鼓励他们向往美好的生活。

通过这次的走访慰问，我深深感受到：扶贫要凸显以人为本的精神。以人为本，就是以实现人的全面发展为目标，在扶贫建设过程中"想群众之所想，急群众之所急"，从人民群众的根本利益出发来谋发展、促发展，切实保障人民群众的合法权益，让改革开放的成果惠及全体百姓。

日子一天天好起来

长沙市望城区区住建局 焦聪

2017 年 1 月 22 日 星期天 晴

上午 10 点，我和局里熊光晖、徐慧同志，开车前往新康社区。根据区委、区政府对精准扶贫的布署安排，我们区住建局对应扶贫点是新康社区，我的联系户是新联组袁雨生。

春节临近，新康社区早对贫困户的慰问工作做了物资上的安排，每户一袋米和一瓶食用油，我们准备了慰问金。从社区出来，沿一条水泥路大概走二十分钟，便到了袁雨生家。袁雨生，65 岁，体弱多病，家庭成员还有老伴、因车祸患癫痫的儿子、无工作的媳妇和一个上幼儿园的孙子。

这是我第四次来到老袁家。老袁家堂屋摆着一张裂开的四方桌和几把木椅子，屋角堆放着土豆、白菜和一把锄头，整个屋里摆设有些陈旧但却整洁。见老袁不在屋里，我便大声地喊了几声"老袁"，听到我的声音，老袁赶忙从屋后的蔬菜地里跑来，边洗手边跟我们打招呼。我们将米、油及慰问金送到老人手里，老人显得很激动。虽然身体孱弱，但老袁的声音很洪亮。他握着我的双手说："衷心感谢党和政府,感谢住建局对我们的关怀帮助,虽然我贫困,儿子也做不了事,但我对生活充满信心,充满热爱。"

我们在他堂屋前拉家常,讲扶贫政策,也询问了他们家的生产生活情况,并做了相关记录。当我们离开他家的时候,老人非要送我出来,不断的讲着感谢的话,但我心情沉重,我们的帮助只是杯水车薪,老人需要更多的是人的关怀与扶持,更需要完善的养老医疗保险制度来保障。虽然扶贫工作有许多困难,但我坚信有党的好政策,加上自身努力,希望老袁家的日子会一天天的好起来。

他们的笑容让我很温暖

长沙市望城区区高塘岭街道党工委书记 吕凯兴

2016 年 11 月 23 日 星期三 雨

今天，寒潮来袭，寒风凛冽，气温骤降到零摄氏度，是入冬以来最冷的一天，人们都已经裹上了厚厚的棉衣。我刚刚看完今年街道精准扶贫工作的情况汇报，整个工作推进如火如荼，让人觉得暖心。

今年，高塘岭街道认真落实群众工作，开展"向群众承诺，为群众办实事"等活动，进一步融洽了干群关系。出台了扎实推进精准扶贫工作的实施意见，以及机关干部一对一结对帮扶方案，广大党员、干部进村组、入农户、察实情，"一户一策"、"一户一档"，因村施策、因户施措、成效明显，全年脱贫 218 户 657 人，产业扶贫带动 210 户，危房改建 49 户，就业帮扶 320 人。

整个街道的精准扶贫工作，让我这个"当家人"倍感欣慰。但是，想起我自己帮扶的精准扶贫对象，忽然放心不下。于是，我安排好手上的工作，就立马准备了大米、油等生活用品，驱车前往对象家中，想在这最冷的冬日里把温暖送到他们的心坎上。我的帮扶对象是新阳村刘新强家，夫妻俩都有智力障碍，几乎没有什么劳动及生活能力。他们女儿幸亏生得聪明伶俐，读小学二年级。年过70岁的父母双亲帮助刘新强撑起了这个家，低保是这个家庭唯一的经济收入，生活十分困难，想到这些，我的心头变得沉重起来。

到了村上，我与新阳村的村支部书记，一同来到了刘新强的家中。我把准备好的慰问物资送交了他的父母并和老两口交谈开来。刘新强父母说最近有人愿意要他打点零工，总算可以帮家里分担些负担了，听到这个消息，我也高兴，今年年初，他们在精准扶贫的政策和帮扶下，家里情况已经有所改观。在我们引导就业进行帮扶下，刘新强已经知道了要自立自强，懂得他也可以用自己的双手挣钱，也可以养活自己。

临别，我鼓励刘新强自立自强，做一些自己力所能及的工作，勉励他的家人要积极乐观地看待生活，要永远相信困难只是暂时的，办法总比困难多，政府和社会一定会与他们一道，齐心协力解决他们生活中的实际问题。

走出门来，虽然北风一阵阵向我吹来，但是我的眼前晃动着刘新强的笑脸，心里很温暖。让更多的扶贫的阳光照进他们的心灵吧，给他们更多的鼓励和温暖，我希望看到他们脸上更多的笑容。

扎实工作驻村帮扶

长沙市望城区卫生和计划生育局 李雄

晚上，我打开电脑，又开始写扶贫日记，脑海里不停浮现出扶贫路上一些难忘的镜头。

"主任和我来巡山，湿透摔疼不嫌烦；险情不除终不还，佑我禾丰不遭难。"这是今年 6 月底那场大雨后，我和村干部一起巡山查看山体滑坡的险情时，心血来潮作的一首打油诗。

今年，我被区委组织部抽调，代表区卫计局派驻到禾丰村开展精准帮扶工作。禾丰村位于桥驿镇东南部，由原禾丰村、龙塘村合并而成。村域面积为 15.17 平方公里，辖 53 个村民小组，4910 人。党支部有党小组 11 个，党员 172 人。现有支村两委成员 10 人，后备干部 1 人，计生助理 1 人。有小 I 型水库 2 座，灌溉主干渠道 38 余公里，山塘山坝 500 余口，村组公路 150 余公里。村集体经济基础差、村民增收难，是 2015 年的省定贫困村。

作为驻村干部，我不忘初心助脱贫。入村以来，我积极配合村支两委严格按照领导联点、部门办点、队员驻点、党员干部帮点和社会各界人士援点的工作要求，实施村干部包片、小组长包户的原则，与村干部密切联系，下户走访，深入贫困户家中进行详细的调查了解，收集资料，过会讨论、逐个筛选，确保信息搜集准确可靠，客观真实。特别是对今年预脱贫对象反复进行调查复核，确保其实现"两不愁、三保障"，切实做到扶真贫、真扶贫、真脱贫。同时，按照"脱贫出、返贫进"的原则，协助村支两委摸清贫困人口底数，做好查漏补缺和动态识贫工作。截至目前，该村建档立卡贫困户 192 户 527 人，2015 年已脱贫 117 户 359 人，2016 年预计有 54 户 127 人年人均收入高于 5400 元，即将实现脱贫。

我所联系帮扶的贫困户就是今年的预脱贫对象。她叫任灿容，家住禾丰村黎家湾组。可怜天下父母心，前些年失去丈夫的她为了不影响儿子一直不肯改嫁，还要照顾老母亲，一家三口的生活重担全压在她一个人身上，虽然享受了低保，可对于一个没有稳定工作的农村妇女来说要养活三个人谈何容易。我每次登门拜访，她总是面带微笑，从没有任何抱怨，言谈举止间充满对党和政府的感激之情。今年，读大学的儿子又符合教育扶贫里高等教育资助的条件。她还兴奋的告诉我，等儿子大学毕业参加工作了苦日子就熬到头了。是的，让所有贫困户都脱贫奔小康正是我们扶贫干部的目的所在。

老严描绘的"蓝图"

长沙市望城区人力资源和社会保障局 李龙

　　走在水泥路上，望着老严家崭新的房子，我打心眼里高兴。这条路我不知来回走了多少次，但没有一次像今天这样的轻松自在。

　　离老严家还有一小段距离，就看到老严快步朝我们走来。他眼睛里噙着泪水说"真的感谢你们，感谢党和政府的好政策，让我们有了一个不用担心下雨天气的家！"

　　我口中的老严，名叫严国祥，是位七十多岁的爷爷。住高塘岭街道名盛村，是我的帮扶对象。老严的两个女儿都已外嫁。如今，家里就只年寿已高、体弱多病的夫妻俩，靠圈养一些鸡鸭来补贴家用，条件艰苦。

　　一年前，老严家的房子由于地基不稳，加上年久失修，成了危房。夫妻俩常年需要打针吃药，多为门诊，药费无法报销，家里的经济负担越发加重。为了帮老严修缮好房子，让老两口安度晚年，我和老严咨询了危房补助的相关政策。老严的房子符合危改的条件。老严用危房补助款，对自家房子进行了修缮。如今，老严的家焕然一新。

　　他兴奋的带着我们参观他的新家。他一边向我们讲述他家有了哪些新变化；一边给我描绘着他家的宏伟"蓝图"：这边喂鸡方便，可以围个鸡笼；那边地肥，可以种点小菜；这里光照好，可以弄个晒衣竿；在角落放个小石桌，老伴可以打纸牌……

　　回家路上，想到老严的蓝图，我心中也描绘着一张扶贫的蓝图，这张蓝图上，贫困户都摘掉了帽子，我们正向着中华复兴的梦想奔跑。

走访宣传扶贫政策

长沙市望城区丁字湾街道 李桃红

2016 年 9 月 14 日　星期三　多云

　　2016 年 9 月 14 日，我来到了丁字湾街道兴城社区团屋组我的精准扶贫对象胡赞平家中，他全家有五口人，户主右手残疾十多年，定为三级残疾，父母年迈，身体不好，靠药物维持，妻子在外打工，儿子上幼儿园，全家生活困难。了解到胡赞平家中的实际情况，我便向他们作了自我介绍，发放宣传资料并宣传、解释精准扶贫政策，告知他们为 2016 年预脱贫户，因户主为三级残疾又不是低保户，所以不符合《2016 年教育精准扶贫特困家庭学生全免入学申报工作的通知》和长沙市《全面建立困难残疾人生活补贴和重度残疾人护理补贴制度实施的方案》，我便重点解释了以上两点，他们也对此表示了理解。虽然家庭困难，但是他们对生活的热情深深地感染到了我，让我感觉到了这个家庭的温馨。

　　走之前，我留下了联系方式，跟老人说有什么事情需要我们帮忙的就和我联系，如果有适合胡赞平的工作招聘信息我会及时告知，希望能够改善他们的生活环境。

　　走访结束回到家中，我却有了不一样的心情，我在思索：该如何帮助困难群众解决实际问题？如何让他们过得更好？能给予困难群众更多的帮助。但个人的力量毕竟是有限的，真心的鼓励、微薄的资助并不能从根本上改变当前困难群众的困境。国家的惠农政策日渐丰厚，社会保障日益完善，农民的生活已经得到很大改善，但还有相当数量的农民没有脱贫。要解决他们的贫困，主要还是要靠党和政府的帮助，社会的关心。

　　我思考着扶贫的作用。尽管每年上至国家，下到单位、个人不断扶贫，但要想从根本上改变胡赞平家这样的境况，还需要全社会的人们对农村再多一些关注，需要我们在自己的本职岗位上多做一些有意义的工作，有条件就多为贫困地区的农民做点好事，做点实事。不仅要嘴上说着老百姓，更要心里想着老百姓。要做百姓的贴心人，要带着感情下基层，带着感情去倾听百姓呼声、了解百姓的困难，真正做到想群众之想、急群众所急、解群众所难。

智残儿子与温馨的家

长沙市望城区金山桥街道办事处副主任 李峰

2017年1月21日 星期六 阴

2017年1月21日，这一天，天气晴朗，万里无云。我与金坪社区干部李湘彦又一次来到贫困户龙明周家门口，我知道他妻子肖彩云是一个慢性病患者，他儿子龙子豪是一个智力四级残疾，家庭经济十分困难，全靠龙明周打临工维持生计。

尽管龙子豪是一个智力四级残疾，但龙子豪好像明白家中的情况，脸上常带微笑。14岁的他虽然是残疾人，但是却有一种与生活较量的猛劲，听邻居们说他比正常的同龄少年还勤快，尽管言语表达不好，在家中常主动帮爸爸妈妈做家务。

这个家庭让我感觉到了一种温馨，可是父母用无私的爱心与孩子交流。看到他们全家人这种快乐、幸福，我的心里却有一种说不出的辛酸。

我和他们亲热地聊着家常，随便问了一句："龙子豪你还记得我的手机号码吗？"龙子豪竟答了出来……我高兴地表扬了龙子豪，并衷心地祈愿他及全家越来越好。

　　当我站起来准备道别，龙明周非常激动地握住我的手说："感谢你，李峰主任，你每次来都带来这么多物资和慰问品……"，我也紧握住他的手说："这是我们应该做的，下次再来看你们……"

履行好两个责任

长沙市望城区城市管理局城管执法大队副大队长 李特为

2016年12月1日 星期四 阴

天气阴晴，我第六次冒着寒风去黄新峰家。路途很远，我昨天特意买了双解放鞋，便于走山路，而且准备了方便面，农村吃饭时间与机关不一样。

黄新峰家住桥驿镇洪家村。洪家村交通不便，我们大约走了两个小时，才在油铺塘组找到他家。他正在家中收拾屋子，人瘦瘦的脸黑黑的，不大言语。他因病致残，只能在家中做点事。交谈中了解到他家三口人，22岁的儿子常年在外打工，只有夫妻二人在家。除了村上几亩田地的收入，无其他经济来源。说到发财致富，刹那间他表现出很兴奋，问其发展思路，却很迷茫，只说打工找钱。

我深深地感觉到不管身处何地，人们也想通过劳动走向富裕，对财富充满渴望。但崎岖的山路，信息的闭塞，缺乏知识又让人们有太多的无奈。我顿感扶贫的担子很重，扶贫的路很长……

做好扶贫工作，我认为要积极履行好"两个责任"。一是积极履行好帮扶单位的责任。迅速召开会议研究部署，成立工作班子；迅速与帮扶村联系，进村入户调查了解情况，制定帮扶工作方案。建立了扶贫班子具体抓，主要领导亲自抓，班子成员全员抓的工作机制；领导班子定期召开扶贫工作例会，专题听取阶段性扶贫工作情况，分析问题总结经验，安排部署下一阶段的工作；扶贫专干驻村，密切与镇、村干部及群众的联系和沟通，宣传政策、协调服务，督促方案的实施，指导产业、项目管理，全面了解、掌握全村的扶贫工作动态，统筹思考谋划联系村的精准扶贫工作，认真履行好帮扶单位所肩负的责任。

二是认真履行好干部联户责任。局主要领导和驻村工作队长时时提醒、督促、联户干部通过各种途径和方式认真地履行好联户责任，并纳入年度绩效考核；分期分批，适时组织联户干部进村入户，调查了解、沟通情况，帮助贫困户解决一些具体困难和问题；联户干部要积极主动地加强联系，为他们提供信息、排忧解难、打劲鼓气、树立脱贫的信心。

第一次走访

长沙市望城区城市管理局 李建湘

2017年3月7日 星期二 晴

3月7日，根据全区开展精准扶贫工作实践，我到桥驿镇洪家村，贫困户佘坤全家中走访。

当我经过泥坯房的屋子时，村干部告诉我，这里就是佘坤全的家。进门后，我看到屋中摆放的大多是生产工具，唯一的电器是一台早就不能用的洗衣机。木架床上有几床旧棉絮、几个老木柜，其他的也还是一些农具。

佘坤全老人热情地招呼我们坐下。经询问得知佘坤全已经60岁，因为家穷未婚，一直在照顾82岁的老母亲。2015年进行了危房改造。2016年确定为我局帮扶对象。我将准备好的米、油等生活用品，及个人1000元，送予老人，并请老人家多多保重身体。

他感谢党的好政策，感谢干部们隔三差五的来关心、看望，真的很感谢。

成为贫困户的原因有很多，也许有的人是因为不思上进，但通过这几个月我自己实地的与他们接触，看到更多的，都是一群辛苦劳作、自力更生的可爱的人们。自然环境的恶劣、交通的不便、技术的落后、思想的守旧、甚至疾病等等，都是掣肘农村发展的主要原因。作为一名扶贫工作者，我和我的同事们，也许在一开始的时候迷茫过、恐惧过，但我们从没退缩过。我们有面对艰难和困苦的决心，也有改变和被改变的勇气。最后我相信有精准扶贫的好政策，有了他们的自身努力，日子一定会越过越好，幸福富裕的生活一定会梦想成真的。

老陈的养殖梦

长沙市望城区大泽湖街道 李莹

2017 年 3 月 2 日 星期三 晴

又踏上了这片熟悉的土地，湛蓝清澈的天空，放眼望去是油菜花的海洋，好一幅纯美的图画。

回龙村帮扶对象分布零散、交通不便，虽然为扶贫工作带来许多困难，但丝毫不能阻挡他们摆脱贫困、梦想小康的决心和信心！

我来到贫困户陈湘炳家时，他正在清理自家猪圈。两排简易的猪圈，养了 60 多头猪。以前，他家日子在村里算得上是中上水平。可自从他中风以后，家庭的重担全部压在了他妻子的肩上。孩子的学费、医药费，笔笔支出不是小数目。由于不能外出打工，他想方设法借钱搞起了养殖。

缺资金，成为摆在他养殖路上的"拦路虎"。我们的走访，出乎他的意料。我看出他很激动，从他的眼神中，我感受到一种向上的力量。生活的沉重打击不仅没有磨灭他的意志，反而让他变得更加坚强。他向我们详细介绍了自己的养猪计划，如果计划实现，他家里又可以变成村上中上水平的人家。但面对不小的资金的缺口，他又觉得力不从心。

说到这里，他用渴望的眼神望着我们，我们连连点头，表示一定尽力帮助他找到贷款。

他非常感谢党和政府对他们一家的关心，扶贫有"一达标、两不愁、三保障"的政策，让他很暖心。现在女儿已在月亮岛社区皓龙房产幼儿园工作，只是小儿子陈帅刚刚大学毕业，请我们有合适的岗位帮忙推荐。

我们和他攀谈了好久，向他宣传党的扶贫政策，详细了解他家养殖情况和贷款需求，并将他的诉求一一记在本子上。我们心想，在区人社局的专场招聘会上推荐他儿子去晟通集团应聘，等小额扶贫贷款下来，重点扶持。有党的好政策，再加上自身努力，我相信老陈的养殖梦会梦想成真。

为黄大哥找工作

长沙市望城区丁字湾街道 李向阳

2016年2月21日 星期日 晴

自精准扶贫工作开展以来，每个村镇干部都有自己的帮扶对象，翻身垸村下枫树咀组黄国安是我的联系户。

在老黄家，我们宣讲精准扶贫政策，在沟通中感知百姓冷暖，在摸底中了解民情办实事。回街道以后，我们如实反映贫困农户的所思所盼。

黄国安是一个肢体三级残疾人，他的右手患肢截萎缩症，基本上没有用，连拿筷子都不行。家里还有一个年迈的父亲也因病多年没有做事，无经济来源，靠残疾儿子赡养。去年在乡邻的撮合下，黄国安娶了老婆。

今天一早，我拿着一份区民政局发的劳动介绍信，想和黄国安沟通一下，看他有些什么想法。他说只要他干得了的工作，一定会好好珍惜，不会辜负联村干部对他的良苦用心。他说如能找到一份稳定的工作，生活就不成问题，他老婆在家养鸡养鸭也能补贴家用，还可以照顾年迈的父亲。等赚到钱以后，再生个小孩，说完后两眼都湿润了……

答应的事，说到做到

长沙市望城区桥驿镇 李建宏

2016年12月9日 星期五 多云

　　时序虽近隆冬，但却仍有几分暖意。上午，我在办公室抓紧处理中小学的事务，因为下午，我预约了要第三次去看望我精准扶贫的两个联系户。

　　下午两点，我忙完手头工作，开车来到桥驿街上，走进粮油店，告诉店里的袁老板要买四袋米和两瓶油，袁老板说："李校长，您不是昨天买了米和油吗？怎么又买？"我说："今天是买来送人的。"付完款，袁老板和我一起将米和油装到了车上。

　　我的第一个慰问对象是桥头驿社区石官厅组的刘树刚同志。刚停好车，正好碰上他准备外出，我马上打招呼："您这是打算去哪？"他说："准备去街上买点油和米。"我说："您不必去了，我给您带过来了。"我将两袋米和一瓶油从车上搬下，他连连说："真是雪中送炭呀！谢谢校长！谢谢校长！"

　　从刘树刚同志家出来，我开车又来到桥头驿社区神仙湖组的周自迪同志家。他外出打零工不在家。因学校有事，

81

我返回到办公室。

下午五点。再去，他还没有散工。热心的邻居帮我找到他有精神病的儿子，因不能了解他家情况，我又等了一会，仍未见周自迪回来，只好晚点再去。

六点半左右，我开车经过周家，看见房子里亮着微弱的灯光。他正好在关鸡鸭。"李校长，这时候您还来了？因我做工的那家里，今天完工，所以晚了一个小时散工，我才回呢。听邻居说，您今天已来过两次了，赶快进屋坐。"我说："讲好了今天来看您的，答应的事，就要说到做到。"寒暄了一阵，我问他目前有什么困难没有，并告诉他："您随时可以联系我，有困难一起想办法。""谢谢，您真是党的好干部！"

从周家回来，不知不觉已是傍晚八点多，我回到家里，躺在温馨、舒适的沙发上，回想今天在扶贫对象家里一幕幕场景，回味今天扶贫对象感人肺腑的一句句朴实话语，我陷入了沉思。精准扶贫，就是要把党的扶贫政策及时送到老百姓的心坎上，还需要把组织的关切关爱体现在自己具体的行动上，更需要鼓励扶贫对象自信、自强、自立。在这一过程中，心要细、情要浓、爱要深！

精准扶贫，这是我们义不容辞的责任，同在蓝天下，共沐党的阳光。祝愿所有人的天都一样蓝、水都一样清、生活都一样充满欢乐和色彩。

2016年9月13日　星期二　晴

联点帮扶，爱心传递

长沙市望城区市政管理局　李勇

　　中秋节来临之际，区市政局组织全局联村人员到精准扶贫工作驻点白箬铺镇光明村，开展"联点帮扶，爱心传递"活动，向光明村贫困家庭送上温暖关怀和佳节祝福。

　　光明村地处长沙市望城区西部偏南地带，地理位置偏远，交通不便，经济发展滞后。为了响应上级号召，打赢脱贫攻坚战，确保到2017年我区实现现行标准下省定贫困村"摘帽"的目标，此前市政局已经按照区政府关于精准扶贫工作的系列决策部署为光明村实现脱贫致富开展了一系列工作，包括建立联点帮扶责任制、完善农村市政基础设施、参与光明村红色旅游村筹建工作等。本次"联点帮扶，爱心传递"活动是市政局深入基层联系群众，落实精准扶贫的又一重要实践。

　　上午10点，我和其他联村人员一起来到我的扶贫对象熊成武家。熊成武家中3口人智力均低于常人，母亲年迈体弱长期需要人照顾，经济条件非常困难。通过与他面对面交谈，我收集到了许多与他生活相关的信息，并掌握了他的基本诉求，预备在接下来的在扶贫工作中有针对性的帮他解决现实困难。同时我还给他送去了慰问金，虽然钱不多，不能为他解决什么根本性的问题，但这代表着我的一片心意。起初熊成武不好意思要，后来在我的劝说下终于收下了。

今后我会更多地关注熊成武家的生活状况，争取为他们提供力所能及的帮助，同时也希望更多的爱心人士积极参与到扶贫济困工作中来，帮助贫困家庭缓解经济压力，建立生活信心，一步一步把日子过得更好、更充实。

老袁有梦

长沙市望城区丁字湾街道党工委书记 刘灿辉

2016年9月13日 星期二 晴

　　我的帮扶对象是兴城社区滂田村组的袁小青一家。与他家接对后，我有事没事总会去他家走一走，像走亲戚一样。袁小青今年50岁，年纪虽算不上大，但因为前年的一次意外事故摔成重伤，不能再干重体力活。妻子李灿英49岁，用她自己的话说是"一身病"，冠心病、高血压，常年靠吃药养着，只能做些零碎家务。两个女儿，大女儿19岁，上大学二年级；小女儿16岁，读职高二年级。"底子薄、负担重"就是袁小青家留给我的印象。

　　前几天老袁给我打电话，因为我当时在开会，没能和他多说，但我听得出他好像有什么事要跟我谈。一散会，我就雷急火急赶往他家。

　　还没进老袁家院子，门口拴着的那条黄狗就摇起尾巴，我们也算是老朋友了。进屋后，李灿英忙着去厨房泡茶，老袁则搬来凳子，递来一支烟。50岁的汉子，因为意外事故，显得有些清瘦，面对我，讲起话来却还有些腼腆。他告诉我，今年搭帮刘书记帮忙评上了低保，每个月能有790元低保收入，还被评为"愁穿"户，小女儿还获得了"雨露计划"的名额，估计能有两千元补贴。言谈中，他藏不住内心的喜悦，声音也提起来了。我告诉他，今年的低保评定不是我帮了你的忙，是政策越来越公平公正了，通过计算评估，你家里是实实在在符合低保标准，这些政策就是要让真正困难的群众得到实惠。他在一旁点着头。

不多时，李灿英端来了热茶。好家伙，这一次的茶水很明显是刚烧的滚烫开水沏的，还记得第一次上他家的时候，完全是用温水冲泡的一杯茶，连茶叶都还没散开。

老袁吸了一口烟继续说道，他最困难的日子就是这两年，等两个女儿都毕业了，找到了工作，他们家就脱贫了。他说"吃低保、吃照顾"不是件光荣的事，欣慰的是两个女儿都很有志气……

二十多分钟闲谈后，老袁终于把自己的真实想法告诉了我。他说不想老靠政府"给"，想靠自己"挣"！听到这，我内心怔了一下，我好奇的问他的具体想法。他告诉我，他们俩口子想包下一片农田，搞大棚菜种植。他说这个想法已经有一段时间了，他看到镇上的住户越来越多，他们又没有菜地，现在大家又那么喜欢绿色食品，他想往这个门路上发力。虽然种植也要技术，但他有信心学得会，毕竟还是跟泥巴打交道，不觉得生，希望尝试一把。听到他的这个想法，我由衷的感到开心。我说，这个想法挺好，但一定要考虑仔细，毕竟还是要承担风险的。你把计划考虑周全后，有什么困难，我们再实际研究怎么帮助你。后面他像打开了话匣子，跟我谈了很多种菜方面的想法……

言谈中，我感慨像老袁这样的贫困家庭还有很多，靠一味的给，很难帮他们真正走出困境，只有通过各种润物无声的举措，重新点燃他们对美好生活的希望才是最可取的，我想这也许就是"精准扶贫"的深刻内涵吧。

回去的时候已是傍晚，冬日的夕阳透过车窗洒进车内，照在我的《精准扶贫工作手册》上，显得格外耀眼！

坚守信念，助力脱贫

长沙市望城区黄金园街道人大工委副主任 刘奇

2016年12月9日 星期五 晴

　　今天，虽值寒冬时节，却是一个暖晴的日子。因我刚到街道工作不久，对村上情况还不是很熟悉，便邀办公室的同志一道到黄金园村扶贫。今天的主要任务是走访并慰问两位贫困户。

　　说实在话，原来在区直机关每年也会有一到两次到基层慰问贫困户，每次到那些贫困的家庭走访，我都会有一点小的感慨。但今天，给我的感觉却很不同，像是受了一次心灵的洗礼。其实黄金园村在全街道乃至全区来看，从地域、经济等条件上来讲并不是一个落后的村落，甚至说是一个即将进入开发的前沿乡村，在这村上的贫困户绝大部分是因为因病或因老致贫，今天我要走访的两户就是这种情况。朱楚华，因前些年车祸致病，已丧失基本劳动能力，妻因贫离家而去，留下一女年尚幼，自身残病每月需用药，再加上女儿在读，更加重了家庭负担，如无政府救助，家时有断学断炊之境况。另一户朱楚申家给我的印象更深刻，一家五口，夫妻皆已花甲之年，儿子儿媳都是残障之躯。

早年他趁年尚青，在外专事城乡打井业务，在家以养殖为副业，夫妇勤俭持家，赚得了一份家业，家庭环境及居住条件尚可。但如今两夫妇步入暮年，业已丧失劳动能力，残障儿、媳还需他们负担，家境逐渐陷入贫困。时至今日，他们一家虽被纳入城乡低保，但他仍在外做些力所能及的事，打打零工维持家用，我想这是最难能可贵的，至少那一份责任、那一份情感、那一份信念在他心中未被磨灭。人虽已老，激情未灭！这让我十分感动。

离开他们家时，已近中午时分，他们虽极力邀请我们在他家就中餐，但我心生忐忑，无比矛盾地婉拒了他们的盛情。因我的心里一直藏有一丝苦楚，是呀，虽每每给他们带了一点政府或个人的关爱与慰问，但总觉得微不足道，这只能稍缓了他们的燃眉之急，却完全不能解决他们的困境。回来的路上，他们的一举一动一直萦绕在我的心头久久挥之不去，如何让他们脱贫，一解他们的后顾之忧成为了一道现实而又迫切的课题。

道路尽头的灯光

长沙市望城区金山桥街道党工委副书记 刘燕

2017 年 3 月 14 日 星期二 晴

　　1 月 11 日，年关将至，下了班后我就赶到我的扶贫对象周芳的家中，他住在桐林坳社区，走了很长的一节乡村小路，天也越来越黑，感觉似乎都要迷路的时候，终于看到道路尽头点点灯光。

　　夜晚的村庄总是显得格外的安静，冬天的寒意很浓，晚风吹袭，我不禁紧了紧风衣，来到院子里，便闻到了柴火烟子的味道，想是周芳一家在开始做晚饭了。他是一个黑瘦黑瘦的老人，身体孱弱，因为生活的压力而导致背明显下弯，仿佛背上背的是生活的大山。周芳是我街道的低保对象，家中有 3 人，他和妻子已经年过花甲，伴在身边的儿子因患有精神疾病无法外出工作，不能成家，就在家中的老父母的扶持下过生活。刚刚结识他的家庭时，我总会感到无比的压抑和绝望。一个家庭，如果金钱上的扶助能帮助他们渡过难关，那么这个家庭还是有希望的。但是周芳这样的家庭，在两位老人浑浊的目光中却看不到他们的希望，在他们应该要安享晚年的时候，却还不得不为这个儿子而到处奔波，周芳老人在无助的情况下甚至外出捡垃圾维持生计。

所幸政府的政策是好的，所幸我们都看到了他们的不幸。

对于我今晚的到来，两位老人感到非常高兴，连忙搬出凳子要我和他们一桌吃饭。我把自己拿过来的米和油放到并不太干净的厨房的角落里，并拿出了慰问金放到了周芳老人的口袋里。房间里光线昏暗，老人紧紧握着我的手，半天没有说话。

在吃饭的时候，我问起老人儿子的病情。老人告诉我，因为精神病人现在可以免费住院，免费领药，这让儿子维持了现状，病情没有恶化，这对他来说便是最大的安慰。因为精准扶贫，各种政策上的倾斜，也让他们的生活相对以前要轻松一点，总算是可以过一个平静祥和的春节。

回家的路上，我一直想着，精准扶贫还有很长的路要走，可是，能让这些贫困的对象早日摆脱困苦，即便辛苦，却又何尝不是件快乐的事呢？

李建良养鱼了

长沙市望城区靖港镇 刘权

2017 年 3 月 9 日 星期五 晴

进入福塘村，我就感受到了生机勃勃的气息。迎面而来的清风，路边摇曳的树枝，伴着鸡鸣狗吠的声音，让我感到怡然自乐的乡村生活。

李建良是我帮扶的贫困户。他住土坯房，尚能维持温饱。我要把党的扶贫政策落实好，真心实意帮助他，共同谋划脱贫之路。

一进院子，看到快要散架的竹篱笆院墙，有些斑驳的墙体已经有两道裂缝，堂屋一角堆放着满满的牛草，火塘旁一张破旧的木板床上堆着一包旧衣物。

李建良 51 岁，因病致贫，孑身一人。虽胆子大有干劲，但几次创业都由于技术和资金等方面的原因无果而终。去年他又萌生建生态鱼塘的想法，村里在扶贫摸底中了解到这一情况后，帮他申请到了扶贫贷款，用于修建鱼塘和购买鱼苗。还获得了低保补助和愁吃愁穿补助。我经常都去看一看，给他提些建议，打消他的顾虑。虽然还没到收获的季节，但毕竟有收获的希望。看到鱼苗长大了，我们的帮扶成效已经显现。

　　走在新修平坦的便道上，看到鱼塘四周的杂草清理得干干净净，并种上了一排整齐的桑树。李建良正在鱼塘边看水，鱼苗在鱼塘里撒欢，还时不时有鱼儿浮出水面，泛起圈圈涟漪。

　　离开他家，李建良一路相送，他指着鱼塘说，他准备将鱼塘扩大，再购置一批鱼苗，等路修好以后能吸引人过来垂钓。听着李建良的计划，我不禁想起一句话，人穷可以扶，人懒何为焉！

鼓足克服苦难的勇气

长沙市望城区长沙铜官窑遗址管理处 刘丹

2016年9月16日 星期五 阴

　　绵延起伏的群山静卧在湛蓝清澈的天空之下，蜿蜒曲折的小路，不太便利的交通虽然给扶贫工作带来了困难，但这丝毫不能阻挡当地群众摆脱贫困、脱贫致富的信心！

　　花实村杨军家是我的帮扶对象。他妻子是改嫁过来的，带着一个女儿，婚后又生了一个小女本来是幸福之家。但前不久，小女儿因为意外烫伤了手，经鉴定烫伤程度为三级，几个月的医疗费和住院费就花了十多万，家里的积蓄掏光了不算，还负债累累。说到这里，杨军泉潸然泪下。

　　男儿有泪不轻弹，只因未到伤心处。我感受到了他的无奈，但更多的看到一个丈夫对家庭的责任，一个父亲对女儿的深厚感情。

　　我认为在做扶贫工作的时候，既要做好物资上帮扶，更要做好思想上的疏导和安抚工作。有些人认为，自己命中注定要受穷，再怎么努力也没用。一旦有了这种思想，他们将失去了自强精神，缺少了战胜困难的信心和勇气。因此要想帮助他们，首先要从思想上让他们站立起来，鼓足他们克服困难的勇气。

　　泰戈尔曾说，只有经历地狱般磨难，才能创造出天堂的辉煌。我相信，杨军泉在党中央精准扶贫政策的正确引导下，在我们"规划到村、帮扶到户、责任到人"的精准帮扶下，加上他自己的不懈努力下，日子一定能越过越好。

长沙市望城区新华书店 刘海娥

梦想在心中，希望在前方

2016年10月20日 星期四 晴

今天，我们按照约定好的时间来到乔口镇湛水村。根据对贫困户帮扶情况安排，我们兵分两路，在村干部带领下，开展入户调查。一路上，村上的周会计对我们介绍了湛水村的基本情况：全村有32个村民小组，4000多人；湛水村水域较宽，适合发展种水产养殖业。

"精准扶贫"的提出最早是在2013年11月，习近平总书记湘西考察时作出了"实事求是、因地制宜、分类指导、精准扶贫"的重要指示。精准扶贫是粗放扶贫的对称，是指针对不同贫困区域环境、不同贫困农户状况，运用科学有效程序对扶贫对象实施精确识别、精确帮扶、精确管理的治贫方式。一般来说，精准扶贫主要是就贫困居民而言的，谁贫困就扶持谁。

我去年9月接手单位的精准扶贫工作，与区供电公司一起负责乔口镇湛水村的一对一精准扶贫工作。为了尽早开展此项工作，我主动与牵头单位区供电公司联系，就湛水村如何开展精准扶贫工作进行了对接。

在调查走访中，我们了解到，农村贫困户之所以贫困，有的是因病致贫，有的是因老致贫，农民因年岁大了，劳动能力下降，又缺少青壮年劳动力，导致收入下降，生活境况窘迫；有的是因学致贫，农村孩子升学是农民最大的开销之一，孩子考上大学是件喜事，但高昂的学费和生活费，对农民家庭是天文数字，靠泥土里刨食，根本无法承受巨大的经济压力；也有的是因愚致贫，个别农民由于智力障碍或者没有文化知识而导致贫困，他们思想保守，不外出打工，也不懂得积累，甚至因为赌博，造成家里一贫如洗。

通过实地入户调查，切实了解了群众的生活情况，与农户面对面谈心，心连心，深入群众，密切干群关系。按照区扶贫办的要求，为了更好推动工作，在"精准"二字上发力，我和同事确定了 6 户贫困户作为单位帮扶结对对象。

在这些帮扶对象中，盛国明家给我留下的印象最深。其家庭共有五口人，两夫妻，一女一儿，老丈人一起生活。初次到盛国明家，是他老婆张姐接待了我们，她说她不是望城人，嫁到湛水村已有 20 多年，老公身体不好，两个小孩都在读书，大女上大学，小儿上初中。在详细了解了她家基本情况之后，我鼓励她，家里暂时有点困难不要紧，最重要的是一家人在一起，小孩听话，认真读书。张姐突然跑到卧室从抽屉拿出了儿子自上学以来所获得的各种荣誉证书，一脸的高兴。

返程路上，与同事们一起回想起今天的入户调查，大家都有很大的感触。虽然现在农村的生活水平有了大幅提升，但依然还有部分群众因孤、病、残等原因导致生活困难，说明我们还有许多工作要做。然而通过与群众的交流座谈，我感到他们对党和政府的衷心拥护，感谢现在党的好政策，大多数人通情达理。只是因为客观原因导致他们暂时的生活困难。这让我明白了一个道理：心中有百姓，百姓有杆秤，只要我们心里装着群众，群众心里也会装着我们。作为一名党员、一名领导干部，我们一定要坚决执行上级党委决策，把党的各项惠民政策带到基层，送进百姓家中，让广大群众明白党的政策，感受党的温暖，特别要实实在在地帮助弱势群体解决实际问题，让他们早日走出困境，过上幸福生活。

梦想在心中，希望在前方。

尽自己的一份绵薄之力

长沙市望城区靖港镇 刘芸

2016年10月14日 星期五 晴

下午2点半，在靖港镇芦江社区参加完精准扶贫工作部署会议后，我拿着扶贫联系卡、扶贫手册等资料，与村干部柳新良一起访贫。

芦江社区是由原来的三个村合并而成，有2000多户。今天由村里安排的四户村民。家庭状况虽不一样，但都是一个特点，就是贫困。

在导致贫困的各项因素中，最多的是因病致贫。今天村里走访的4户，基本都是患病的家庭。汪建国，男，本人患有冠心病，常年卧病在床，靠打针吃药维持生命，妻子腰间盘突出，失业在家，女儿年纪轻轻便辍学外出打工，收入微薄。刘伟，男，患有糖尿病，失去劳动力，女儿上小学，妻子打工看店，勉强维持生计。李建良，男，患有智力残疾，和80多岁、行动不便的老母亲一起生活。吴建军，男，妻子患有糖尿病，常年吃药，一双儿女正在上学，家庭的重担都压在了他一个人身上。

疾病是农民的大敌，一个农民家庭，如果其主要劳力因病丧失劳动能力，对整个家庭来说，那就是致命的打击、无法承受的天大的灾难。承包地没人种了，不能出外打工了，更何况，为了治病，为了救命，可能把很紧巴攒下的一点钱全花出去，还可能筑下几年也还不完的债台。这样的家庭生活随时都可能陷入困顿，陷入无奈，陷入绝望。

在我国经济蒸蒸日上，人民生活水平普遍提高的情况下，却仍有部分群众生活在全社会平均生活水准之下。特别是在广大的农村地区，那里的弱势群体实在太多，他们的孩子为了追求现代生活，走出大山去城里打工，在农村的许多地区已经很少看到有年轻的面孔。留下来的都是老人、中老年妇女和孩子。这些留守的人群，很多是老弱病残，他们为了生计每天在苦苦挣扎，他们在病痛中孤寂地苦苦煎熬、苦苦忍受。现代化的小康社会和他们离得很远，文明对他们来说是一个很奢侈的名词，每天被疾病折磨无钱医治只能一把一把吃止痛片的人们，何谈幸福指数、小康生活？

作为一名刚入职不久的公务员，社会阅历和工作经验都比较欠缺，人脉也不广，唯一能够为贫困农民做的事情，便是宣传扶贫政策，为他们争取慰问金，尽自己的一份绵薄之力，虽不能从根本上为他们解决问题，但我相信，做的人多了，状况就会慢慢得到改善，就会让这些贫困家庭，充分感受到政府对他们的关爱与关怀，让他们感受到政策的阳光和温暖。

愿世间少些贫穷和困苦

长沙市望城区桥驿镇党委委员、副镇长　刘志国

　　今天得到消息，我向民政部门为冯锟申请的特殊困难救助金落实了。这样算来，加上之前为她申报的雨露助学计划以及孤儿助学奖金，冯锟的生活和学习基本有了保障。

　　民福村的冯锟是我一对一帮扶对象三户贫困户中的一户，初次"认亲"时，看到冯锟的名字我还以为是个男孩，其实她是个十七八岁的女孩子，现就读于湖南女子大学。她 9 岁时，父亲因车祸、母亲因病相继去世，他从小就与祖父母相依为命。如今，祖父母已近 80 岁，家中无任何经济来源，靠民政低保金维持生活，冯锟的学费都靠亲朋戚友的支助。近几年，她靠上钟点班和寒暑假打工攒点零钱补贴家用。

　　初次到了冯家时，冯锟因上学没有在家，见面的是她的祖父母。我表明身份和来意之后，老人家又是搬椅子又是泡茶，显得十分热情。"真的不好意思呢，当了十几年村书记，一世人没有呷过照顾，可如今天灾人祸，我俩老也无能为力了，感谢党和政府关心，记得我这个家庭哩！"

交谈中得知，他老人家早年当过村上的书记，为人公道正派，离任后以种田、养猪维持生计，很勤劳。如果不是因为儿子和媳妇都遭遇不幸，留下冯锟要抚养、要读书，以其个性，他是不会需要救济和照顾的。我不由得对这位老书记肃然起敬，我拿出扶贫手册和联系卡做好相关记录，并说，有困难可随时与我联系。临走时，我表达了一点心意。

周末再次走访，冯锟放假归来，第一次看到这个瘦小的女孩。冯锟已读大二，还有一年就毕业了，平时周末很少回家，主要在外打工攒点零花钱。她讲她将努力读书，将来找一份工作，照顾好爷爷奶奶。从她的谈吐中，我意识到这是个十分懂事的孩子，我鼓励她困难是暂时的，要对生活充满信心，努力读书，回报家人，回报社会。

后来，我又多次对冯家进行了走访，并尽所能为她争取一切能争取的国家政策和补助，现在都有了结果。作为桥驿精准扶贫的"指挥者"，同时又是具体结对帮扶的责任人，我有时回想，其实像精准扶贫这样的工作，才是真正接地气的工作，是加强干部与普通老百姓特别是困难老百姓血肉联系的民心工程。这样的工作既是对困难群众的帮扶，又是对自己灵魂的一次洗礼，对自己的一次教育。愿世间少些贫穷和困苦，愿这样的工作能长久地坚持。

群众心里有杆秤

长沙市望城区桥驿镇 刘上川

2016 年 10 月 18 日 星期二 晴

下午，与村干部一起走访慰问了三户贫困户。

黄新龙，今年 70 多岁，夫妻俩年老体衰，三个女儿都已出嫁。患脑血栓病近四年，腿部有残疾，行动不便，3.9 亩承包，由女儿帮种，年收入仅 2000 元左右。在了解老人的基本情况后，我拉着老人的手，问有什么困难需要解决，老人连声说："没有没有，政府很关心我们，不能再给政府添麻烦了。"当我给老人送上慰问金时，老人激动得说不出话来，长满老茧的双手紧握我的手不放。临别时，跛着脚执意将我送到门口。

我们到黄景超家，老人正准备吃晚饭。他今年也 70 多岁，家中无劳动力，平时主要以拾荒为主，年收入 2400 元左右。当我问到老人过得好不好时，他说："比过去幸福多了，逢年过节，政府都派人来看我，给我送被送粮送钱，共产党的政策太好了。"站在一旁的我感觉出，老人的话完全发自内心。临别时给老人送上慰问金，老人连声称谢。

欧阳伟龙，夫妻俩年老体弱，都患有糖尿病多年，三个女儿已经出嫁。他们的生活虽然比较艰难，但因党和政府的关爱，也过得开心知足。

近年来，虽然他们的生活水平有所改善提高，继续帮扶他们，是我们义不容辞的责任。通过今天走访慰问黄新龙、黄景超、欧阳伟龙三位老人，我感受到了他们对党和政府的衷心拥护，对好政策的感恩。我们一定要把党的各项惠民政策带到基层，送进他们家中，实实在在地帮助他们解决实际问题，让他们早日脱贫。

大爱无声

长沙市望城区金山桥街道　罗焰

　　春的三月，透着嫩绿，冒着希望；春日阳光照不到角落里，也向往那绿的希望。

　　我的精准扶贫帮扶对象胡灿，刚过而立之年，却没有如他名字般的灿烂和阳光，总让人感觉像个身体羸弱的小老头，精神不振、脸色惨白。他是顶梁柱，却难撑起他这个家。他的儿子，今年 6 岁，完全是个智障儿。

　　我也是一个 6 岁孩子的妈妈，我小女像枝头的麻雀一样，叽叽喳喳，活泼可爱。在此之前，我想所有这个年纪的小朋友都一样，有说有笑，会像小树苗一样噌噌地长大。然而智障儿，和正常儿童完全不是一回事，那是两个世界。

　　他的儿子，不会说话，不会笑，没有思维，不会吞咽，吃东西都要打成浆，要硬生生的喂。不能走路，像个大婴儿一样只能抱在手里。完全没有意识，不会大小便，一直都用纸尿片……家里须有两个人来照顾他。随着年龄增大，体重增加，一个人根本照顾不了他。胡灿和妻子为了家庭生计，只能外出打工。照顾孩子的重担就落在爷爷奶奶身上，风烛残年的老人，只能望着这样的孙子叹气。怜惜地抱着只会哇哇大哭的孩子，也没有办法哄哄他。只有他睡着了才会有片刻的安静。

我问孩子的奶奶，带着这个孩子累不累？奶奶说身体累都可以忍受，不过是磨一点耐性，但心里累却是一种折磨。望他康复，完全没有希望，可他也是一条生命！

是的，他的生命也值得被我们尊重。尽管我不知道他是否能感知到身边人对他的爱和珍视。

就是这样一个孩子，一把眼泪一把鼻涕，不知道到生命什么时候终止，也不知道他能否感知世界绚丽美好。但是，我们需把爱与他分享！

一个人的力量是微弱的，但一群人的力量却是强大的，让我们都带着大爱，多给他们家帮扶，多给他关爱。让他们家充满爱的阳光看到生命之树常绿的希望！

综合施策来扶贫

长沙市望城区高塘岭街道党工委副书记办事处主任 梁志辉

2017 年 4 月 16 日　星期日　晴

我的两户帮扶对象，在高塘岭街道胜利村。朱铁良家5 口人，他本人由于车祸造成骨折，家庭欠债累累，妻子也体弱多病，小女儿招婿上门，目前已离婚。黄万辉家 3口人，他本人年老体弱，妻子是侏儒症残疾人，一个养女已外嫁。

高塘岭街道的主城区，到处皆是繁华盛景，但在一些边缘地带，仍然有因客观原因所致处于温饱线上挣扎的人。我联系的帮扶对象，多年来与贫穷相伴，他们的脱贫意愿十分强烈。但"屋外春光烂漫，屋内贫穷揪心"的现实反差却在慢慢消磨他们对生活的信心。

扶贫先扶志。针对他们的情况，我与村支两委成员一起想办法、找路子，争取最大限度予以帮扶。但是光有我们努力还不够，还需要帮扶对象自己的努力。只有思想转变了，少了"等靠要"的惰性，才有增添脱贫向好的底气与自信。对此，我通过几次走访，慢慢加深了对他们的了解，鼓励他们增加战胜苦难的信心。

　　黄万辉的妻子侏儒症致残人，不能承担太多家务，更谈不上挣钱养家了。开始，她看见我总是愁眉苦脸，通过几次走访，她渐渐有了笑容。从她的身上，我体会到贫穷不可怕，只要有决心，一切的困难都是可以战胜的。由此而联想到其他的建档立卡贫困户，首先要树立脱贫的坚定信心，才能从思想上、源头上转变原有固化观念，在脱贫攻坚的战场上积极行动起来。

　　扶贫帮民困。信心树立起来了，接着要真刀真枪的解决实际困难。精准扶贫工作开展前期，我与村支两委成员一同商讨，分析帮扶对象的致贫原因。针对朱铁良户缺少家庭主劳力的情况，我们根据全区七项扶贫政策，对其进行政策兜底，将其纳入"愁吃"且"愁穿"的保障范围，一定程度上减轻了家庭经济负担，保障了基本家庭生活。通过了解，全街道内像这样的建档立卡贫困户还有很多，关键在于找到合适的脱贫政策，享受由政策带来的好处，从而实现脱贫目标。

　　扶贫解民忧。政策兜底的好处毋庸置疑，但脱贫的关键还在于变"输血"为"造血"，由单向输送向开发式扶贫转变。比如黄万辉户，致贫原因在于缺少稳定的收入，无法保障基本生活。由此，按照全区兜底扶贫、就业扶贫的政策，一方面将其纳入低保范围，加上其妻再享受每月200元的残疾人补助，进行政府兜底。另一方面，根据就业扶贫的政策，推荐其到环卫单位就业，家庭有了稳定收入来源。通过精准施策，目前黄万辉家经济状况大为改观。

　　看着两位贫困户家庭的生活有了新的生机，我很高兴，我想：扶志、帮困、解忧，只有这样的精准扶贫，才卓有成效！

希望是一剂最好的良药

长沙市望城区史志档案局　黎雨

今天天气湿冷，按照扶贫安排，我将去走访扶贫对象曾柱中。下午 3 时，与铜官街道郭亮村姚支书，一行 4 人来到社山冲组曾柱中家走访。

来到书堂大道，看到大道两旁楼房林立，几栋小别墅尤为显眼，深感现在的农村变化真大，城乡差别越来越小。新鲜富含氧离子的空气，精致的书堂小镇，画卷一般的乡村景色在我眼前铺展，顿觉望城的乡村是如此地宜业宜居。

车子拐了一道弯，我忽然看到大道旁边一栋非常扎眼的土砖平房。我正有些疑惑不解，姚支书指着那一栋房子说："那就是你的帮扶对象曾柱中家。"我的心里咯噔了一下，看来这个扶贫任务蛮艰巨啊！

走进曾家，一看，简陋的土坯房，没有粉饰，在当地，在这个时代，太落伍了。

曾柱中有些腼腆地出来迎接我们。他个头不高，说话很斯文。衣着虽然老土，但干净素朴。女主人不在家。虽然没有几样像样的家具，但收拾得干干净净，摆放井然有序。

透过现象，我感到即便日子过得略为贫苦，曾大哥一家也没有放弃对美好生活的憧憬。

曾大哥有两个女儿，都已结婚出嫁，现家中只有夫妻居住。妻子曾不幸摔伤两次，残疾二级，只能做一些家务活。大哥本人也患有严重的腰椎疾病和肾萎缩症，腰直不起来，已不能从事重体力活。两个人都需要长期寻医问药，医药费用是一笔十分沉重的负担。这一户因疾病致贫的困难家庭。

我们告诉他，如果解决他们求医问药方面的问题，日子还是会越过越好的，希望他能保持目前这种良好、积极和乐观的心态，安心生活，有什么需求可以与我们直接联系，我们将尽力帮助他家走出困境！

我们的谈话，点燃了曾大哥的希望，我惊喜地看到曾大哥在我们的谈话里，腼腆越来越少，眼睛越来越亮。曾大哥告诉我们，十月份他将到铜官集镇餐饮店打工，从事自己力所能及的劳动。如果政府能解决他的部分医药费，他再外出打工，说不定还能把自己的房子修建一番。

听着曾大哥的设想，我们觉得自己今天这一番谈话起了很大的作用。因为我们给曾大哥带去了希望，我们又用希望鼓舞了曾大哥自己去努力。对于贫困户来说，希望是一剂最好的良药！

亲情般的感动

长沙市望城区桥驿镇 黎中文

2017 年 1 月 23 日 星期一 多云

　　根据党委、政府统一安排，我的扶贫对象是民福村林角冲组贫困户郭坤成家。郭家主要致贫的原因：两个女儿一个嫁到株洲，另一个嫁在本地，家庭条件都不是很好。平时就夫妻俩人住家里，年老体弱多病，无劳动能力，基本无经济来源。

　　处理完手头上的工作，我决定趁春节到来前去他家走访慰问。他家离村部不是很远，大约一公里多的距离。由于上一次村干部带路去过他家，所以这次轻车熟路，就没有联系村上。

　　从单位出发大概二十分钟就到了。叔婶俩看见我赶忙丢下正在捡柴的活儿，满面笑容地迎上来。"黎干部你来了！"看到这一幕，我蓦然有种回家的感觉，一股暖意不觉涌上心头。我们一边握手闲喧，一边走进屋里，刚坐下，郭婶左手端着一杯热腾腾的芝麻姜茶，右手端着水果、小吃走过来。我连忙起身接过姜茶，"叔婶，您们别客气！一起坐咯，我今天来一是看望慰问二老，提前给您们拜个早年了！二是扶贫对象已交的 2017 年度医疗保险筹资款已退回，统一由财政代缴。看一下您们是否知晓，是否退款已到账。三是了解一下去年郭婶在区人民医院住院费用是否补偿到位。"

郭叔接过慰问金，欣慰地说："都到了，都到了，感谢政府，感谢党，现在政策越来越好。去年你还亲自驱车到区人民医院来探望，我俩很感动啊，太有心了，有些儿女都做不到这样。我们这次特意准备了土鸡、土鸡蛋，还有山里采来的蘑菇晒干了，一点小小的心意，请你带过去……""都到帐了那就好，叔婶您们一定注意身体。准备的这些东西，您们还是自己留着增加营养，或者我帮您们去卖了，再把这些钱交过来。我看每次来时，家里房前屋后都收拾得干净有序，您们干家活也别太累着。两边女儿家里经常去走动一下，要保持积极乐观的心态……

我们乐呵呵地聊着，不知不觉便到了十点半，在区精准扶贫结对帮扶联系卡上签完字，我起身告辞，叔婶俩有些依依不舍，一直将我送到出家门的主道上，看着他俩挥动的手，我内心里不由涌起一种亲情般的感动。

扶贫攻坚，带上一襟质朴情怀

长沙市望城区粮食局 毛国斌

2016年10月13日 星期四 晴

上午10点，在党委书记、局长佘亚军同志的带领下，我们一行来到了扶贫点白箬铺镇金峙村开展精准扶贫工作，进行走访慰问。说实在话，每次走进这些贫困户家中，我的心灵都会受到一番洗礼。每每都动容于他们身处困难中的坚毅与觉悟；动容于他们摆脱贫困、努力生活的信心和决心；动容于他们面对生活困窘时相互扶持和仍未磨灭爱的流露；动容于他们脸上从未消失的质朴而真诚的笑容；它植根于内心，温暖和感染着我们。

又一次走进了帮扶对象何新武的家中，在党的政策扶持和我们的共同努力之下，原本一贫如洗的家庭，如今盖了平房。何新武身残志坚，经营着麻将馆，妻子陈纲要的工作问题也得到了解决，家中总算有了固定的收入，可喜的是，唯一的女儿如今也已成家，家中的负担也减轻了不少。这个家总算迎来了春天。

何新武，男，51岁，在他35岁那年由于意外事故导致了下半身瘫痪，失去了劳动能力和自理能力，只能靠着轮椅和导尿管生活。这突如其来的灾难给当时原本幸福的家庭当头一棒，"未来的路该怎么走，我们该怎么办？"，妻子陈纲要一次次地问自己，一次次偷偷地流泪。然而生活的困窘并没有压垮这个坚强的女人，她用羸弱的肩膀撑起了这个风雨中的家。为了更好地照顾丈夫和孩子，她辞去了教师的工作，打起了短工。平时除了忙碌而辛苦的工作，丈夫和孩子的衣食起居也离不开她的照料，她十几年如一日地为丈夫擦洗、按摩、清理褥疮，任劳任怨。但她那微薄的收入又怎能负担得起家庭的开支、丈夫的医药费、孩子的学费呢？想到这些，我深深地感受到了这个家庭的不易、这个女人的艰辛，同时也佩服于她的勇敢、坚强和不离不弃的坚守。

现在妻子陈纲要工作的地方被安排在离家很近的友仁机械厂，一来方便她照顾丈夫，二来使家庭有了固定的收入。当企业老板得知她的境遇后，主动提出让丈夫同她一起在单位用中餐时，他们却婉拒了。他们用爱情演绎了感人至深的人间真情，她勤勉朴实，宽厚善良的醇厚真情在街坊邻里中传为佳话。

在这次走访中，还遇到了一件让人心酸的事。我们来到了 70 多岁的叶升月老人家中，这位老人身患糖尿病、高危高血压、心脏病。当我们离开他家，腿脚不便的老人非要出来送，拉着我们的手不停地说："谢谢党的政策、谢谢领导的关心啊，人老了，病了，不知道你们下次再来还能不能见到我呀！"听了这话，我们一行人心情都非常沉重。已经走出很远了，老人还在原地挥手，目送着我们离开。

在扶贫工作中，心酸的故事太多太多，感人至深的故事也太多太多。我被这群身处困境而自强不息的人们而感动，被他们的善良而感染，被他们的真情而感化。我深深感受到了肩上的使命与责任，在精准扶贫的攻坚战中，我要带上一襟他们的质朴情怀，情为他们系，心为他们牵，为我们更美好的明天共同努力。

完善保障体系推进扶贫工作

长沙市望城区城市城管局 莫湘桥

　　这个月是我来到禾丰村驻村的第二个月，从 2016 年 5 月份来，通过一个多月的调查走访，我对这个村的基本情况已熟悉。我也是农民的儿子，一个地道的农村娃，对农村有一种天然亲近感。尤其是黑麋峰山下，这里环境优雅，空气清新，我有一种回到儿时的感觉。

　　今天我决定对我局所联系的贫困户进行一次初步走访，虽然，在近一个月的工作中，对这个省定贫困村的贫困情况基本了解，但还需实地印证，真实感受。

　　我与村主任佘家骏开上车，出了村部沿着曲折山路蜿蜒前行，在离贫困户李树凯的家大约 1 公里的地方，主任说我们把车停下来，只能走路上去了，沿着村山边的一条土路，翻过一个小小的山岗，远远的看到了几栋青砖瓦房，很古老的那种，平时在影视剧中可以看到，然而此时我们没有喜悦，只有沉默，虽然我也是农村长大的，这种在记忆中的房子比较熟悉，在这里发现竟然还真有人居住在这样的房子中，我有点不相信。到家以后，主人李树凯已在外打工，他的智障妻子正在家中一个火炉做饭，他年老的父母接待我们，他有一个女儿在上初中，家中了陈设基本上是很老旧的，有一台电视机，还是那种老的使用电子管显示器的产品，在外面有一个简易天线，接收免费的电视节目，他们的生活是如此的简单，日出而作，日落而息。透过现代文明，我也迷茫于其中，不知他们的女儿在上完初中之后又会面对怎样的生活，大山深处的山水养育了她，终究她会落根于何处。

走访的第二户我到了我所联系的贫困户杨建波家中，杨建波是70年代出生，由于先天的智障，与70多岁的母亲生活在一起，家中的房子是村上危房改造的砖混结构房屋，跟他的母亲谈话了解，杨建波除了会写自己的名字，做些力气活外，不会使用手机等通讯工具，日常生活由母亲打理，在母亲的指导下还基本保障能种田、种菜，确保日常生活必须品能够自给，每月能领取到450元的生活补助资金维系着母子俩的生活开支。

......

一天的走访下来，加深了对农村现状的进一步了解与认识，经统计农村因病、因学致贫的数量占贫困人口总数的90%上，由于禾丰村地处偏远山区，经济实力不强，部分村组交通不便，农民种养收入偏低，不足以养家糊口，青壮年劳力大都外出打工，因缺乏资金、技术、劳力，没有强力的致富带头人与领头羊，部分贫困村民只能坐等国家政策救济，对脱贫的信心和斗志不强，生活条件得不到明显改善。精准扶贫一方面要国家继续完善社会保障体系，让老百姓不会因病、因学而致贫；另一方面还需要大力发展农村集体经济，改变农村自身的造血功能，培养一批农村经济发展的带头人，将在外务工的青壮年吸引回家创业，提高土地的产出和收入，让他们在家的收入基本能达到在外务工的收入，才能确保这个黑麋峰下的农村更加美丽，更加和谐。

没有被生活的压力所击倒

长沙市望城区长沙铜官窑遗址管理处 莫志昂

上午，我再次来到铜官镇花实村反垅组杨正春家，送上400元慰问金，他一脸感激地看着我，嘴里不停的说着谢谢。三天前，我和工作组的同志们已到过他家。那天下着小雨，我们工作组一行人驱车前往，赶到村上时，前方路面已经不容汽车行驶，我们下车撑伞步行，提着油，背着米在崎岖、泥泞的小路上继续前进。还未到帮扶对象的家，就听见王宏主任在感叹着杨正春家的艰辛和困难。

经过将近十几分钟的跋涉，一栋简易的红砖房子出现在我们面前，屋顶上面还是用的那种老旧的瓦片。王宏主任在屋外喊了一声，随即一个五十多岁的汉子笑吟吟的从木门里面走出来。看得出，他们之间没有干群关系的生疏和隔膜。我们把慰问物资放进屋内，打量着屋内的情况。随处可见的水桶、盆子正在接着漏下来的雨水。坐定后，仔细打量着眼前这位帮扶对象，朴素，爽朗，眼神中带着一丝坚毅。

为制定更加精准的帮扶措施，我们没有多说就直接进入正题。户主杨正春，一家三口，自己患有长期的慢性病，妻子患有精神疾病，家里幸好还有一个20岁的儿子在乡镇内打工。这是个被疾病困扰着的家庭，我们必须帮助他们走出困境。

"我本来想外出打工，挣点钱缓解下家里的困难，但是，妻子我要陪伴着她，害怕她走丢，我自己身体也不太行，现在只能在附近打点零工。"杨正春无奈地叹了口气。

是的，他妻子一直受精神疾病的困扰，一不留神就走丢了，平时喂饭，穿衣这些琐事都要人料理，怎么可能出去打工呢？再说他的身体也不行，怎么出去打工啊。根据杨正春的实际情况，我们认为"兜底扶贫"和"医疗扶贫"这两项扶贫政策适合帮助杨正春，让他走出现在的困境。

从杨正春家回来，三天内我想了许多，兜底扶贫和医疗扶贫虽然可以让他脱贫，但怎么奔向小康呢？带着这个疑问，我和杨正春聊了起来，想不到眼前的杨正春信心满满地说："我先拿着低保过日子，然后种点菜，养点鸡鸭，等自己的儿子工作稳定了。那么以后生活就不用发愁啦。"

乐观的杨正春让我感到佩服，生活的艰辛并没有击倒这位瘦弱的汉子。他不像有些帮扶对象，明明已经脱贫了，还嚷嚷着自己未脱贫，我们只能一遍遍耐心的跟他们解释脱贫后只要达到标准一样可以享受惠农政策的待遇。像杨正春这样主动想办法脱贫的，还是见到的第一个。

"其实我一直没有想过要拿低保，只是家里实在太困难了，没有办法可想了，只能求助于国家的帮助。"杨正春一边看着旁边的妻子，一边对我说着。

这样一个受到疾病折磨的家庭，家里存款都用在了治病上面，可真算得上是一贫如洗，但是，他依然没有被生活的压力所打倒，依然有着一颗脱贫致富的心。我相信，有精准扶贫这样的好政策和他这样的脱贫的决心，进入小康肯定是指日可待的。离开时，我想如果每个人都像他一样拥有这样脱贫的决心，那还有什么可以阻挡他们奔向小康呢？原本因为扶贫对象生活困难而感到心情沉重的我，又瞬间对扶贫工作充满了信心。

收获硕果的金秋还会远吗？

长沙市望城区农业机械管理局　缪倩妮

2017年1月19日　星期四　阴

　　临近新年，家家户户张灯结彩，采买年货，到处洋溢着喜悦的气氛，准备过一个欢庆祥和的春节。茶亭镇泉丰村有那么几户农家里，欢度新年的气氛却没有那么浓厚。

　　根据精准扶贫工作的要求，今天我和局机关10多名职工，在年前又一次来到茶亭镇泉丰村，到各自结对帮扶的贫困户家中开展"走访送温暖"活动，为他们送去我们的祝福和一点心意。

　　下午2点，我们一行刚到泉丰村部，就和等候在这里的村干部与结对户热情地打招呼，相互问长问短，村部顿时热闹起来，一股股暖流流淌在大家的心中。接着，我们在村会议室召开了简短的见面会，简要地总结与通报了去年来的结对帮扶情况。办公室主任向结对帮扶贫困户讲述了2016年所做的帮扶工作，并简要地介绍了2017年的计划安排，把我们所做的和准备做的事情，简明扼要地向大家报告，让大家心里有底。这次走访送温暖活动中，我们每个结对干部都准备了米、油等生活用品，向结对户送上

117

一点心意。

随后，我们和各自结对贫困户一起，到他们家里去走一走。虽然村中坡陡路滑、崎岖难行，但大家精神饱满，背着大米、拎着食用油，到贫困户家中走访，实地了解致贫情况，商议具体的帮扶措施。

茶亭镇泉丰村杨冲子组胡铁刚户是我的结对户，5 口人，家庭收入来源主要是靠妻子做零工和刚毕业的女儿在外工作的一点工资收入。他家致贫的原因主要是因为丈夫患病无法做重活，随时还有发病的危险；儿子刚上大学，另有八十多岁的老母亲。入不敷出，开支较大，家庭很贫困。看到我们来后，胡铁刚热情地接待我们坐下，他妻子随即泡上我们这边最为客气的姜盐茶。胡铁刚家里目前较困难，儿子毕业还要三年，自己的病也很难根治，妻子只能在家守着自己和老母亲。但他们仍然积极向上，没有自暴自弃，没有放弃希望。我向他详细询问了家里情况，认真听听他们有什么具体要求。我很高兴地听说，他孩子学习很上进，前一次提到的助学金，也在我们的帮助下，有了贫困证明，顺利的申请到了。孩子三年毕业后，负担就会减轻。看到他家空闲地较多，我建议他们今年多养几只鸡鸭，多种点土产品，我帮助销售，一起共同度过眼前的困难。胡铁刚告诉我，今年他准备好好养好身体，在家中养养鸡鸭等，补贴家用，也会鼓励儿子勤工俭学，一来补贴生活费，二来也可以锻炼自己。看着他饱含希望的样子，我感觉到他家精气神很棒，很努力很有志气。我告诉他，我也是大学兼职过来的，有这方面的经验，可以和他儿子交流交流，同时，也可以给他提供一些兼职的机会。最后我请他保重身体，有什么要求及时和我联系，我会尽力提供帮助的。不知不觉日头偏西，回来的路上，踏着新修的道路，我看到老胡家房顶上飘出袅袅炊烟，心里感到暖暖的。我想：春天快要来了，寒冰即将融化，收获硕果的金秋还会远吗？

扶贫扶志，脱贫拔根

2016年9月14日　星期三　晴

长沙市望城区科技局科协副主席　欧阳君利

黄金园街道黄金园村是我熟悉的地方，上世纪九十年代我曾在那里工作过。

走进精准扶贫联系户危光明家，开始认为不是贫困家庭，楼房、家具像模像样，户主是很有威望的老组长。但入座交谈时，危光明的托腰而座，其妻子丁冬梅的捂胸慢语，使我感觉到了什么。原来，一个是腰间盘突出，一个是心脏搭桥。我问他们儿子在哪？夫妻二人相视不语。村干部喻志伟说："应该在楼上，喊下来怕搅事。"我问为什么？危光明才回复说："别提了，精神病。读中专后分配的厂子垮了，在工厂打工的厂子垮了，有的说是在厂里中了什么毒，也查不出诊不明。"我又问："在医院看了么？"危光明说："大医院都看过，没办法也没钱了，时好时坏……"

随后，我们又向另三家贫困户走去。三户都有房，上有老，下有小，看不出有什么贫困，但一座谈，每户都暮气沉沉，都像自觉苦海无边。户主身残李金文，傻女招郎吴东山，老小一群朱伯维，三户都是老有病，小读书，中间残疾一家人。

贫困户现状留给了我很多思索。我了解到，在贫困户中，因病或因天灾人祸致贫的占 80%，这是较发达地区贫困的统计数。黄金园街道干部告诉我说：给点钱，杯水车薪，帮致富，缺劳力，人穷志短，除了贫困兜底，实在是脱不了贫困的"根"。

落实精准扶贫，应该是扶贫扶志，脱贫拔根。"天灾人祸需设防，因病致贫可预防"。我们如果为脱贫而脱贫，不从根本上解决问题，一波未平，一波又起。看破坏环境引起的天灾，看不讲道德行为引起的人祸，看没有自我保健意识和乱象丛生的医疗，如何寻其穷根，拔其贫根，这是一个需要思考和他探索的问题……

精准扶贫之路

长沙市望城区住房保障局　彭冉文

今天，区委副书记余学辉带领住房保障局等一行到我村就精准扶贫工作进行调研，我一路相随。从今年 5 月 9 日到现在，我被选派到月亮岛街道戴公庙村任"第一书记"已经半年多了，我的主要工作是扶贫和党建、群众工作。

一路上，我向学辉书记汇报了对扶贫的认识。我以前对扶贫的理解更多是"修路、建广场、绿化"等基础设施建设。但是，真正接触精准扶贫工作后，我发现扶贫远没有这么简单：首先要精准识贫，因户施策，做到扶贫对象精准、措施到户精准；然后要重视产业扶贫，真正带动贫困户稳定脱贫致富，做到项目安排精准、资金使用精准、脱贫成效精准，最后要注意防止脱贫人口返贫，要找到长远的脱贫措施，确保稳定脱贫。

学辉书记一路上鼓励我，也鞭策我。他指出精准扶贫工作是联系群众最后一公里的重要举措，通过帮扶困难家庭，可以提高干部和群众的亲和力、提高干部做群众工作的能力、提高党的执政威信。

　　我们和学辉书记边走边谈，一起入户调研这些贫困户的状况。首先，我们来到残疾人刘明华儿子刘锡文家里，上个月我们已经为刘锡文开盲人按摩店办好了各种证件、并找有关部门提供小额贷款等，现在，他的按摩店都已经准备好了，就等着 2017 年的元旦节开张；养鸭子的喻觉高家庭负担重，家里又有上学的孩子，体弱的父母以及患病的妻子，全家人就靠他养鸭子为生，他最着急的是鸭蛋常常囤积在家里不能变钱，扶贫工作组帮他找到了推销鸭蛋的路子，并鼓励他网上卖鸭蛋，帮助推销鸭蛋；路过刘明华、张锡军、龙运斌等家，我们又去看看上次对他们家房前屋后的白蚁进行免费防治是不是取得成效，得知成效显著，我们放心离开。这一天，我们还走访了经济负担沉重，或因就读年老、疾病等困难的史庆君、王先觉、吴海涛等 28 户贫困家庭。给他们送去慰问金和慰问品，发放国家扶贫政策宣传资料。

　　精准扶贫之路，这条路虽然有些苦也有些累，但是每当我看到贫困群众得到帮助，解决实际困难后露出的笑颜时，我的心是暖暖的。我坚信，只要我们坚定不移的进行精准扶贫工作，戴公庙村贫困户脱贫致富的路就在前方。

用心帮扶彭喜珍

长沙市望城区丁字湾街道 刘亚

2017 年 2 月 20 日 星期一 晴

　　今天中午，在新镇南区拆迁指挥部很快吃过午饭，想想有一段时间没有去我的精准扶贫对象彭喜珍家了，还得去她家走走。记得之前问过她老人家，不爱吃零食和水果，舍不得零花钱。想起春季气候变化异常，温差大，容易感冒和诱发其他病，也是流行感冒的高发季节，于是我来到养天和药店，买了些当归、乌豆、红糖和板蓝根，一来可以补补身子，二来可以预防流行感冒。

　　因为去她家的道路比较窄，我习惯把车停在她家附近，拎着包包就往她家走，还没有进屋，就看见有一个人正在离她家很近的菜园挖坑，我一问，原来是在挖化粪池，心想着年前帮忙协调新建三格式化粪池的事情落实了，心里偷着乐，因为我又实实在在地帮助她做了件好事。在这里，说句心里话，自从 2011 年我入选社区班子成员以来，社区百姓衣食住行我都看在眼里，记在心里，谁家住房有问题，谁家里患了大病，谁家劳动力没有就业，哪个组的道路出行困难……能帮就帮，能扶就扶，能争取上级支持的就帮

123

忙申请。2014年我接手危房改建工作以来，已经帮助社区32户困难家庭申请危房改造，积极争取上级援助资金近100万，为他们排忧解难，解决住房问题，彭喜珍就是其中一户。自去年街道安排我联系该户后，我认真学习精准扶贫工作手册，专心思索，用好政策，我能帮她做些什么！彭喜珍老人家去年65岁，丈夫早几年因病去世，儿子英年早逝，女儿胡宇嫁去了铜官街道石渚湖村，孩子在读小学，全家靠贩卖小菜维持生计，家境也不好。喜娭毑房屋改善后，住房问题解决了，但是缺乏劳动力，没有经济来源，只有种些菜变点零花钱，自己身体又不好，挑粪水栽菜是大问题。因为地理位置的原因，水改厕需要组上协调，就一直摆着。于是，我主动找到负责水改厕项目的贺建国同志，针对该户的地理位置，和方便她老人家以后种菜，制定切实可行的方案来新建三格式化粪池，今天看见化粪池已经挖好了，真的很开心。

因为没有预约，她老人家不在家，我和她女儿通过电话，知道她自己在新镇新一家超市上班，她妈妈目前身体还算好，去吃生日宴了，我把买来的东西放在她家窗台上，在电话里叮嘱几句注意身体和行车安全什么的，看看时间，快1点了，就回社区上班了……

精准扶贫日记两则

长沙市望城区靖港镇　彭瑶

2016 年 10 月 14 日　星期五　阴

一

　　按精准扶贫一对一帮扶工作安排部署，我于 10 月 14 日下午两点来到芦江社区。一下车便与事先联系好的社区计生助理熊娜见了面，相互简单的交流后，便驱车前往我所结对联系的扶贫户家中，我所帮扶的一共有四户对象，分别住在芦江社区农溪片的 5 组、7 组、24 组和 26 组，一路上我们聊起了这几户的基本情况，其中让我印象最深刻的是李金刚一家人，李大哥一家共六口人，上有无劳动能力的老父母要抚养，下有两个女儿要读书，妻子却又不幸患上了癌症，只有李金刚一人有劳动能力，却经常因为要照顾父母妻女而不能外出务工，生活上全凭他一个人在家附近做点零工和低保补贴度日。

　　就这样聊着不到十分钟，就到达了李金刚的家中。一进屋我没能见到李金刚大哥，只有他年迈的老父亲在院子里剥着黄豆，我连忙上前去打了个招呼，尝试着询问他们家的基本情况，但是却发现李爷爷耳朵听不见，没办法沟通，我继续往后院走，才看见在后院浇菜的李婆婆，把李婆婆招呼进家，向她说明来意，做了自我介绍。打过招呼后，我又缓步走进每个房间，看到她家中的摆设十分简单，却又干净整洁。李婆婆见我们的到来，有些激动，拉着我说了好多家里的情况，说到最后还十分的自责，说老两口老了，做事不动了，是家里的负担，是自己拖累了家里。听到这些，我心里五味杂陈，百感交集。我不停的安慰她，告诉她，我们来的目的，就是要改善她家里的情况，真正做到脱贫脱困。

在回来的路上，我想，没有信心就没有未来，面对李金刚这样的情况，我深知精准扶贫活动中精准二字的含义，就是具体情况具体对待，对症抓药，精准滴灌。我仔细阅读了一下精准扶贫帮扶手册，认真解读了上面的一系列帮扶政策，决定从三个方面对李金刚家进行精准帮扶，一是李金刚两个女儿的学费问题；二是李金刚妻子的医药费用问题；三是困难慰问。我的到来，无疑给李金刚一家带来了希望，下一步我将按照上级部署安排，竭尽所能，结合工作实际，制定工作计划，稳步推动李金刚一家脱贫。

这是我第四次来到精准扶贫的结对帮扶对象家中，我已轻车熟路了，从芦江社区 24 组到 26 组再来到 5 组，我又见到了李金刚一家，今天李金刚在家，因为我提前一天与他电话联系了，说今天会到他家去，他今天便没有出去做事，在家等着我。

一进家门，没有见过面的我们似乎已经是老熟人了，马上就认出了对方，他特别热情的招呼我们坐下，这次我们谈了很久，因为我昨天很意外的收到了他的大女儿李璐发给我的两条手机短信。

信息是这样的"亲爱的彭阿姨！您好，我是李金刚的女儿，李璐。住在农溪村，不知道您有没有印象，因为助学金的事情来家里跑了两趟，真的是尽心尽力。等我参加工作的时候，有能力帮助别人的时候，我会将您这份爱心传递下去。现在家里只有爸爸一个人做事，要负担我和妹妹的学费、爷爷奶奶的生活还有妈妈的医药费，确实非常辛苦也很不容易。'春风化雨，润物无声'您的帮助让我们全家倍感温暖，来自内心由衷的感谢。彭阿姨：愿您每天开心，事事顺心，万事如意。真的特别感谢。李璐。""滴水之恩，当涌泉相报。补助金对于我们家庭来说确实作用很大，每次要交学费，我都不好意思开口。爸爸妈妈总是对我说，只要我用心读书，学费不会少你一分。我知道这背后少不了他们的辛苦和汗水，所以非常感恩您的帮助。我相信困难是暂时的，我会努力学习。谢谢您，我以后也会将您这份正能量传递下去。感谢国家和政府的帮助。"

我把信息翻给李金刚看，他也很意外，我说："这就是我们精准扶贫的目的，我们不是为你家解决这样短暂的困难，从长远来看，我们是用这一笔助学金为国家培养了一名有优秀品格和能力的大学生，为你们全家未来脱贫奠定坚实的基础，我们的帮助是短暂的，却又是长远的，短暂在于我们提供的资金、资源是有限的，长远的在于对你家的影响是无限的。希望通过精准扶贫，能够根本解决你家的困难，让你们的生活越来越美好。"

李金刚说："没有想到女儿这么懂事，也不枉费我们的辛苦，感谢政府提供的帮助，如果没有你们的帮助，女儿学费是大问题，我真不能确保我能够继续供她读下去，在你们的帮助下，我自己也更要努力，似乎看见了希望一样。"

精准扶贫是条长远的路，也是一条光明的路，群众的期盼，就是我们的职责。我一定不辱使命，用心、尽心为扶贫对象送去希望。

走访，洗涤心灵

长沙市望城区应急联动指挥中心　彭锦

2017年1月7日　星期六　阴

　　昨天下午，周国如主任组织中心全体党员干部职工召开了一次精准扶贫工作部署会议，鼓励更多的干部职工加入到我们的扶贫工作队伍当中来。会议之后，很多职工都自发报名要加入到扶贫队伍当中来。于是，我们应急联动指挥中心的扶贫工作队伍由原来的5人扩大到了14人。

　　今天，我们新老扶贫队员浩浩荡荡一行14人自发组织到胜利村走访看望帮扶对象。继上一次送粮油、现金探望以后，这一次我们统一购买了16箱水果、24袋洗衣粉和其他一些生活用品，早上9点准时在指挥中心集合整装待发。

　　大约15分钟车程，我们到达胜利村，村干部很热情地欢迎我们，并且进一步向我们介绍了贫困户的详细情况。目前，村里一共27户建档立卡贫困户，我们原先帮扶的8户只是其中一部分。虽然我们扶贫工作做的很扎实，帮扶效果也比较好，很多贫困户在2016年都实现了脱贫，但是脱贫不脱政策，2017年依然有大量的工作要做，所以村干部表示，希望 2017 年在我们扶贫队伍扩大的前提下，将帮扶责任范围扩大到 16 户。周国如主任对这个提议表示赞成，并表示新的一年我们将会加大帮扶力度，增加人力物力开展精准扶贫工作，对完全缺失劳动力的贫困家庭，我们将实行社会兜底。

大约 10 点半，我们兵分四路，在老队员和村干部的带领下开始入户走访。我最先走访的是残疾而又单身的刘立，他已在 2016 年完成了危房改造。以至于第一次上户的新队员都难以置信，这么漂亮的房子主人是我们的帮扶对象。不凑巧的是，他今天不在家，我们拨打了他的电话，告诉他，今天又来看他，要送一些生活用品给他。他很高兴，告诉我们，他今天去月亮岛那边找了点活，打点零工，并表示非常感谢我们对他的关心与照顾。我们的队员都十分钦佩，像这样身残志坚的人确实是值得帮扶的，也希望他在我们的帮扶和自己的努力之下，迎来更加幸福美好的生活。

张新明，他已经瘫痪十多年了，有个 30 多岁的弱智儿子，家里唯一的劳动力是他将近 70 岁的老伴，但同样身体多病。家中没有收入来源，只能依靠社会兜底。到达他家，首先映入眼帘的是整洁干净的庭院。他儿子看着我们来了，老远就冲我们笑。家里很干净，可以看出老太太非常勤劳。她很热情的招呼我们，拿出他们家的扶贫卡和之前我们发下去的一些宣传资料给我们看，所有的资料都一点不少的用一个塑料袋子装得整整齐齐，一边看一边向我们介绍他们家的情况。说着说着，她就哽咽了，她儿子看着老母亲流泪也跟着哭，坐在轮椅上的张新明也跟着一起老泪纵横。看到这个场面，我们都感触很深，命运有时候喜欢开玩笑。但是，人间自有真情在。我们感动于老太太的勤劳与乐观，在这样艰难的条件下十年如一日的照顾瘫痪的老伴和残疾的儿子，依然把家里也收拾得干净整洁，对生活依然抱有乐观积极的心态。贫穷并不可怕，可怕的是失去生活的信心，不管生活如何艰难，我们始终要乐观面对，依然要努力生活，活出我们想要的样子。

所谓"穷则独善其身，达则兼济天下"，每一次入户走访都是一堂生动的道德实践课，都是一次心灵的洗涤之旅，让我们在工作的过程有所收获，教会我们看尽世间百态，教会我们要珍惜当下，教会我们要努力生活。

她需要精神慰籍

长沙市望城区白箬铺镇　彭滔

今天上午，按照计划我第一次前往精准扶贫户杨惠安家走访，村干部说她在镇上的一个水泥厂打零工，日夜倒班，去她家得先打电话联系。她刚好今天休班，于是和村干部一起前往她家。一路上，山间小路弯弯曲曲、道路泥泞，绕过一个水塘，我隐隐约约在迷雾中看到一个身躯瘦小的妇人站在一栋平房的屋前，村干部指着说："那就是杨惠安"。

我们下车，杨惠安就微笑着迎了过来，一直笑着说感谢感谢，然后热情地招呼我们进屋坐，为我们斟上热茶。我略微打量着她，看得出杨阿姨是一个老实本分的农村妇女，身上衣服简单朴素但也整洁，最吸引我注意的是她的一双手，也许是多年操持家务的原因，也许是水泥厂工作长期接触水泥的影响，这一双手显得格外粗糙。我环顾四周，家具简陋，只有一张木桌子和几把椅了，墙上挂着一幅中年男子遗像，屋顶是彩条布吊的顶，但有部分已经破损掉下来。落座后，杨惠安跟我讲起了自己家里的情况：丈夫前年因为癌症不幸去世了，自己两个女儿，大女儿已经出嫁，小女儿高中毕业后就在长沙河西打零工，微薄的工资养活自己都有困难，她自己在镇上水泥厂打工，月工资只有 1 千元左右。

我认真地听着她述说家里的情况，并记在了精准扶贫工作手册上。她说老公在世时，虽然为老公治病，家里是入不敷出，但是一个完整的家。现在他走了，留着自己孤零零的，觉得生活都没有多少意思了，说着她眼眶泛起了泪花。我知道一个女人失去了挚爱的丈夫心里会有多么苦痛，两个女儿一个出嫁一个在外也不能陪伴她，确实会时常感到孤独，但是我安慰她："人还是要朝前看，现在党和政府对贫困户的帮扶政策越来越多，加上自己努力，生活一定会越来越好，我们也会把您的情况收集起来报上去，因户施策为您解决实际困难。"她欣慰地点了点头，口里依然重复着那句"感谢、感谢！"

这次走访下来，我真切感受到了精准扶贫户家的困难，有时候贫困户不止是经济的困难，还有更多的是精神的孤独，就像杨阿姨，她需要精神的慰籍。我要给她送去更多人间的温暖，还要找机会让她的小女儿回家工作，陪伴她左右，让她重燃生活的信心，慢慢通过努力，走出贫困，走进希望。

摸底走访的感悟

长沙市望城区广播电视台 秦龙

2017 年 2 月 24 日 星期五 晴

　　今天上午，与铜官街道中山村村干部李金芳、王艳辉一起，我们走访贫困家庭，对家里有在读学生情况进行摸底调查。

　　首先，我们来到中山村谭家冲组许龙睿家。小龙睿就读于望城区桥驿中学，10 岁那年他父亲因被疯狗咬伤、感染狂犬病毒去世。母亲先天智力残疾，日常生活都需要人监护与照顾。小龙睿寄居在年过六旬的外婆家。村干部告诉我们，小龙睿在学校成绩优异，学习努力、品行优良。

　　接着走访了喻家场组的郭赛琦家。他家是建档立卡的贫困户。赛琦现在就读于书堂中学初三。母亲患有精神疾病常年需药物维持，父亲郭立新在外打工，无瑕照顾妻子，平时就是奶奶和隔壁婶婶进行照顾，家里还有年迈患病的爷爷，日常生活需要奶奶陪护。一家五口全靠父亲在外打工挣钱，父亲无一技之长纯凭劳力。见我们再次造访，郭奶奶高兴地迎出来，并讲述前段时间儿媳发病难以照顾，在家里打伤家人、损坏家具，现在已经送精神病医院治疗。

儿子可以去安心赚钱。当我们讲述今天到访是贫困学生助学摸底时，郭奶奶一个劲儿地表示感谢，说党没有忘记他们，习主席没有忘了他们，流下了眼泪。这让我们心里很不好受。

最后我们还走访了田伏祥家。田老家是建档立卡的贫困户，他老人家年过六旬，家里就他和女儿田思伟两人，现在女儿在望城区第二中学读高三。她女儿八个月大的时候妻子就离家出走，他一手把女儿拉扯大，自己又没有手艺靠务农和政府的低保费用维持生计，生活很艰难。见我们上门来了解孩子上学、生活情况，他很是感动，并说等女儿毕业参加工作了，一定要好好报答国家对他们的恩情。

通过我们一天的走访，我深切地感受到群众的淳朴和简单，也深切地感受到自己身上肩负的责任。这些可爱的乡亲，因为一些原因处于贫困中。但是，他们没有丧失对生活的希望。他们需要帮助，我们不吝啬帮扶，真心实意去帮助解决他们生活中的困难。受助对象口中道不完的感谢，让我体会到自己行动的意义。但我知道，我们所做的还远远不够，如何让他们真正摆脱贫困，能够衣食无忧，需要做的还很多。

我要帮助求学向上的孩子

长沙市望城区黄金园街道 阚硕

今天是新年正月初八，也是过年后的上班的第二天，我决定到自己联系的精准扶贫对象万正红家去走走。一来给他去拜年，送上新年的祝福，二来学生还没有开学，见见他的儿子万佳阔。

万正红家住英雄岭村砂塘冲组，家中还有妻子、女儿和儿子共四人。他本人患先天性心脏病，身体不好，妻子也于 2010 年患过脑动脉瘤，虽然做了手术，但术后还是留下了一些后遗症。女儿已经出嫁了，14 岁的儿子正在白马中学读初三。我到他家的时候，他的儿子万佳阔正伏在堂屋中央的一张老式桌子上，埋着头，专心致志地做着英语习题。寒冷的天气，却丝毫没有影响他求知的欲望和决心，以至于我走进他的家门时，他都没有发觉。看着孩子认真的样子，我都不好意思打扰。但我没办法，还是喊了他。瘦小的孩子，一脸的怯意，当我说明了来意后，他开始招呼我坐。于是我开始和他交流起来，问问他的学习情况。虽然家庭经济困难，孩子却很听话，也很懂事，学习很认真，

135

成绩也不差。

虽然经济困难，家居简陋，衣着朴素，但他处在这种环境中，仍然怀着一颗求学向上的心。在这个天气寒冷的日子，一个瘦小孩子认真学习的身影一直深深地印在我的脑海中，也更坚定了我去帮助这个孩子的决心。

春意盎然访农家

长沙市望城区靖港镇 任敏妮

2017 年 3 月 9 日 星期四 晴

天气回暖，春意盎然。

2 月 28 日，根据镇党委统一部署，结合群众工作，我和本办群工队员一起下到格塘村。上午 9 点，我们在格塘村部，与村干部、结对户热情地打招呼，问长问短。村部顿时热闹起来，一股股暖流流淌在大家的心中。

接着，我们在村会议室召开了简短的见面会，简要地总结与通报了去年来的结对帮扶情况。会上，格塘村支部书记邓国红说，格塘村在相关办线和后盾单位的帮扶下，村基础设施、产业发展都有显著提升；各帮扶干部对贫困户的脱贫、发展一直倾力支持。带队领导张德智党委向结对帮扶贫困户讲述了 2016 年所做的帮扶工作，并简要地介绍了 2017 年的计划安排，把我们所做的和准备做的事情向各位通报，让人家心里有个底。

随后，我们与各自结对贫困户一起到他们家中走访慰问。实地了解情况，商议具体的帮扶措施。

新农组黄小寿户是我的结对户，全家 3 口人，他本人患心脏病，妻子无劳动能力，家庭收入来源主要是靠他打零工，收入微薄，孩子上学，还有病重的岳父需要照顾，入不敷出，开支较大，家庭困难。看到我们来后，黄小寿一家热情地接待我们坐下。我向他详细询问了家里情况，认真听听他们有什么具体要求。我很高兴地听说孩子学习很上进，家里目前虽然较困难，但孩子毕业后，就会负担减轻。黄小寿告诉我，今年他准备搞种养业，养殖 3 头黑猪，还准备承包一口鱼塘。看着他兴奋的样子，我深感扶贫不是简单地送几桶油、几袋米，"授人以鱼，三餐之需；授人以渔，终生之用。"要想彻底改变贫困落后的面貌，仅靠"输血"扶贫是不够的，更重要的是要突出"扶志"，才能"授人以渔"，帮助贫困户建立"造血"功能，找到和找对致富的路子。

　　不知不觉已到中午，老黄热情地留我们吃饭，看到他们忙前忙后，不忍多打扰，就告辞返回了村部。回来的路上，踏着新铺的泥土，我看到老黄家房顶上飘出袅袅炊烟，心里感到暖暖的，心想：春天已经来了，沉睡的小草就要吐出新绿了。

2017 年 1 月 24 日　星期二　晴

自立自强的母子

长沙市望城区丁字湾街道　佘旭冉

　　2016 年，根据丁字湾街道党工委关于精准扶贫工作的安排，我联系的是兴城社区蔡家坳组的肖文。今天，街道党工委给他家安排了 600 元的春节慰问金，知道他家经济状况不好，我急着送过去让他家缓解一下经济压力。

　　肖文经常在外做零工，之前我已经很多次去过他家中，但一直没有见到过本人，有事就打他电话，他妈妈也在镇上一家商店打工。没有深入了解他家的情况之前，我就觉得这样的家庭应该不会很贫困，然而情况与我想象的恰好相反。

　　肖文的家原来很幸福，他是独生儿子，爸爸妈妈很恩爱也很爱他，通过他爸爸妈妈的努力，砌了一栋两层大楼房，一家人和和睦睦的生活在一起。然而，一场突如其来的车祸毁了这个家。在肖义读高中的时候，肖文的爸爸在做完工晚上回家的路途中被一辆大货车撞倒，无良的大货车司机没有施救，反而肇事逃逸。等到路人发现将他送到医院后，他因伤势严重又没有及时施救，在医院治疗了半年后去世了，当时花去了家中不多的积蓄并负债二十多万元。家中的顶梁柱倒了，留下孤儿寡母，负债累累且没有经济收入，真的是举步维艰！

当时的丁字镇远没有现在繁华热闹，母子两人在家种菜、种田、养猪，勉强维持温饱，欠下的巨债像一座沉重的大山压得他们喘不过气来。此后，肖文妈妈因为子宫肌瘤又住进了医院，手术后很长一段时间不能从事体力劳动，肖文又要上学又要照顾妈妈，家里、田里、地里的活全靠一个男孩子承担，境况可想而知。

肖文高中毕业，就没有办法再继续上学，而是去当了学徒，学做水电工。慢慢的，随着丁字镇的开发建设，镇上陆续开了好多家商店，肖文的水电活也渐渐地多了起来，肖文的妈妈也开始到镇上的商店打工，母子两人艰难的还着债务，肖文现在已经29岁了，因为家中的境况，还没有谈到女朋友。

想着这些，我已经到了肖文家中，马上就要过年了，肖文和妈妈都已经放假在家，肖文妈妈是个能干的人，家中收拾得井井有条，干干净净，大红的对联已经贴在了大门两边，非常喜庆！看到我的到来，两母子非常高兴，连忙让座，并沏上了香喷喷的芝麻豆子茶。我和他们聊了聊近况，得知肖文今年做水电活的工资都已收到，肖妈妈的商店也发清了工资并包了过年红包给她，今年能过个好年了！还有一个喜讯就是肖文明年将去长沙表哥的公司上班，这样就可以学习到一些新知识、新技能，为将来的生活打下更好的基础。我听后深深地为他们感到高兴，我表明来意，送上慰问金，肖文妈妈感动极了，连连对我说："感谢政府，感谢你们，有你们的关心，我觉得很舒心，我们家的情况会越来越好的！"我听了也很感动，这两母子，家境困难但从来不去找政府、社区要救助，两个人默默努力，而且心怀感恩，对别人的点滴恩惠都深藏心中！我在心中默默为他们点赞！

将房屋改造落实到细节上

长沙市望城区丁字湾街道 佘剑波

2016年11月22日 星期二 多云

今天在社区开完会，我看了看笔记本上的备忘录，约好上午10:30去大山组彭益存家，了解他家危房改造的情况。

彭益存是我的精准扶贫联系户。他今年64岁，患有间歇性精神病，已没有了劳动能力。老伴胡晓莲61岁，身患高血压、心脏病，常年靠药物治疗。夫妻育有一儿俩女，儿子早些年在外地打工期间意外死亡，给整个家庭带来沉重打击。因此，彭益存从此落下了精神病。俩女儿虽已出嫁，但家境都不好。他属于典型的意外伤亡与病痛双层原因造成的贫困户。

从社区去他家，路途不远。他家所在的大山组，在我们社区属于未开发的处女地，还没有涉及任何征拆。彭益存的家就在麻潭山山脚下。他家的房子还是上世纪八十年代建的二间瓦房，与周围邻居们的楼房别墅的相比，越发显得"寒酸"。车还没有停稳，彭益存和老伴就迎上来，用沾着石灰的手递给我一根烟，"书记，你看下，做事的泥工师傅把墙面上的水泥搞得太厚啦，这样搞，我怕自己还得多掏钱啊。"听了他老人家的话，我微微一笑，心里很清楚，他又有点犯糊涂了。

走进院子，房屋改造进度还不错，外墙粉刷基本完工，室内也装修得差不多了，还吊了顶，整个房屋显得精致很多。胡晓莲老人家拉着我的手，眼里噙着泪说："搭帮你们帮忙危房改造，我们很心满意足了，以后再也不用担心刮风下雨，女儿们也不用太担心啦。"说着话，胡晓莲老人家端来了一碗豆子芝麻茶，笑呵呵的告诉我，"从今年7月份起，我们俩口子能每月领到375元的低保金了，两个人的吃饭问题可以勉强对付啦，真的没想到，像我们这种情况还能过上这种舒坦日子，真的感谢党和政府。"我告诉她，今后我们会尽一切可能帮助他们。离开的时候，我又特意叮嘱了做装修的师傅们，一定要尽心尽力把房子修好，特别是一些生活设施要照顾到老人家的使用方便。

晚上，社区干部开会集中讨论"愁吃愁穿户"的名单，我结合彭益存户的实际情况，提交到会上评审，最终，一致同意将他们家纳入今年度的"愁吃愁穿户"名单中。

一天工作下来，感想颇多，精准扶贫关键还是要落到细节，真真正正站在困难群众角度去帮他们解决实际问题，我想这大概就是中央要求的"精准滴灌"的核心内涵吧！

为人民服务更加彰显人生价值

长沙市望城区丁字湾街道 佘哲君

后天就是除夕，转眼就要过年了，为落实街道党工委、办事处部署要求，也为心中对联系贫困户的那份牵挂，将贫困人口饮水安全情况表发送给区扶贫办，安排好森林防火巡查及宣传工作后，心里想着不管多忙，也一定要在年前看望和慰问所联系的帮扶对象。

连日天气晴好，机关院内的茶花树绽放着鲜艳的花朵，恍如春天已经来临。今年全然没有寒冬的凛冽，到处弥漫着早春的气息。

停车走过几百米乡间小路，来到了翻身垸村万家场组我的扶贫对象周卫怀家。周卫怀已年满 60，几年前丈夫患病去世后，儿子又在前年因心脏病永远离开了她。此前我曾想替她找份打扫卫生的工作以贴补家用，无奈年近 90 岁的婆婆患轻微老年痴呆需要她常年照顾，只好作罢。周大姐很勤快，老旧两层楼房打扫得干干净净，自己种了一亩多田，喂了一头母猪，是低保户，勉强维持生计。下半年为她争取到了"愁吃愁穿"保障户名额，每年有 2000 元钱和 500 元物资，她对我们很是感激。我将街道财政安排的 600 元慰问金送给她，提前拜个早年。她送我们出来后老远还在挥手。

下午和村上的同志一起来到了我的另一户扶贫对象——家住翻身垸村谢家湾组的柳海军家。柳海军父母健在，一子一女均读小学，上有老下有小。因患肠激综合症多年，每年要到长沙大医院就诊几十次，由此花去的医药费可想而知。为了养家糊口，也为了看医治病，柳海军夫妇俩在新镇开了一个废品收购店，以带病之身起早贪黑、不辞劳苦地干，有时候饿了就吃方便面充饥，也只能勉强维持生活。将他纳入"愁吃愁穿"保障户，子女就读纳入教育助学。这次带来丁字慈善协会给他的 1000 元慰问金，他对我们憨憨的笑，眼里满是感激。

回机关的路上，回想扶贫工作开展以来的点点滴滴，我的心里暖暖的，深切体会到被人关心是一种快乐，关心他人也可以使人快乐。认识到为人民服务能更加体现干部价值、更加彰显人生意义。如何使扶贫工作更精更准，将是我们扶贫人应该进一步深刻思考的问题。

菜鸟扶贫记

长沙市望城区湖南雷锋纪念馆 舒迟

2016 年 12 月 23 日 星期五 晴

今天，我又接到了几通帮扶对象洪辉跃的电话。自 12 月 16 日到他家慰问时用微信给他充了 50 元话费之后，这一周我已经不知道接到他多少次电话了。我万万没想到，充 50 元话费换来的竟是"破冰之旅"，这个每次对我们的到来都带着些许抵触情绪的男人突然之间变得热络起来。每天少则一两通，多则五六通，电话的内容也稀奇古怪，说得最多的是一个人在家没味。我比他小 16 岁，他却在电话中称呼我"迟姐"，他说这样觉得亲切，却令我有些哭笑不得。

透过这一通通的电话，我对他的了解也一步步加深：自小失母，没有兄弟姐妹，父亲也已经过世，本人 2004 年因救人致残；妻子在外打工，每周回来看看孩子就走了；两个小孩都在上初中，女儿学习成绩很好，平时在学校寄宿，周末才回一次家……从一开始的不堪其扰到默默倾听，我深深地意识到这个昔日的救人英雄在饱尝人间冷暖、身患残疾十二年之后，身上的信心和志气几乎消磨殆尽，精神的贫瘠令他可叹可怜。

养鸡、养甲鱼、种葡萄、种苗木……这一个个的想法背后折射出的是他脱贫的强烈愿望。但是又流露出极大的担忧和胆怯，因为这些都只是他一厢情愿的想法，没有妻子和子女的支持。其实，洪辉跃属于低保政策兜底扶贫对象，每月能够享受到 695 元的低保残疾金，妻子在超市上班每月有 1000 多元的收入，已经达到了脱贫标准。目前，最重要的是帮助他从精神上脱贫。扶贫先扶志，如果不能帮他树立起脱贫致富的勇气、信心，拿出敢想敢干的决心，任何一个项目都是空中楼阁，不会成为这个家庭的经济增长点。意识到这一点之后，再接到洪辉跃的电话时，我必做的一件事情就是鼓励他多与家人交流想法，特别是与他的妻子商量。在我的努力下，我感到他和妻子的交流有了进步，妻子已经支持他喂鸡了，他言谈之间多了很多喜色，打给我的倾诉电话也渐渐少了。

"播雷锋精神、做雷锋传人、促社会和谐"是我们雷锋馆人的工作宗旨，而精神扶贫是我们独一无二的优势。短短的三个月，从最初的茫然到现在的积极融入，在精准扶贫路上，我这个菜鸟体味到了助人的快乐，收获了许多宝贵经验。我将努力把精准扶贫与雷锋精神结合起来助推洪辉跃一家实现精神物质双脱贫。

察实情 解民忧

长沙市望城区旅游局副局长 邵志军

　　2月8日这天,我带着慰问物资,再次来到这个熟悉的家中。刚踏入翻身坑村撇洪渠路上,黄迁明就迎出来,连声说:小邵,新年好。我也高兴地连生应道:黄姨,新年好!新年好!

　　这个饱经风霜的母亲,丈夫早在8年前因病身亡,自己的两个儿子因为家庭贫困至今还是单身汉,大儿子王强36岁,在兴隆玻璃厂工作,拿着微薄的工资贴补家用,每个月还要给弟弟买止痛药。小儿子王雄34岁了,因患有脑瘫,神智不清,生活不能自理,吃喝拉撒全都由这位早已过了花甲之年的母亲照顾。

　　黄迁明泡了芝麻豆子茶,拿着自己做的红薯片招待我,还连声说感谢我上一次及时帮她把儿子送往了医院,不然……回想起上个月的事,心有余悸。每个月我都会上门看望黄姨,上个月来的时候,我们正谈着心,躺在床上的小儿子王雄突然间口吐白沫,全身发抖,黄姨吓得连声大喊,我急忙把王雄从床上背起来,送往了卫生院,好在抢救及时，在医院里医生说再晚来五分钟可就无力回天了。黄姨当时就哭了，哭得撕心裂肺。是啊，这个家庭所有的重担都压在了这个农村妇女身上，本该到了抱孙子享清福的时候，却因为儿子的重病、家庭的贫困使她身心俱疲。黄姨告诉我，2015年的时候向亲朋好友借了钱给王雄做手术，但因儿子年龄大，手术效果不尽人意，我问她共花了多少钱？有没有报销？黄姨说共花了近1万元，她觉得报销医药费很麻烦，自己又不懂知识，没有报销过。我赶紧打电话联系了街道民政办，得到答复可以报4000元，黄姨当时脸上就露出了笑容，说还是政府体贴人。一周后，报销的医疗费用直接打到了黄迁明的账户上。黄姨十分感激我为她做的这些事，两个儿子就是她生活的全部希望。

黄姨告诉我："家里的过年比以前好多了，政府送来了过年物资，邻里乡亲过来帮忙打扫卫生，大儿子也比以前更懂事了，小儿子脸上开心的次数越来越多，让我这个贫困家庭也过了个'小康年'啦。"听黄姨说着这些，我的心里说不出的高兴，从陌生到相识，从相识到相熟，感觉自己早已融入这个朴实的家庭。今年，我想找家公益福利院每月定期为王雄上门检查身体，帮助其做康复训练；帮王强找份工资高些的工作，踏踏实实的提高生活水平。让黄姨生活越来越有盼头。

帮助这个家庭早日实现脱贫是我的职责更是我的心愿！看着黄姨和她孩子的脸上笑容越来越多，对生活越来越报有希望，我就觉得自己做的一切都很值。我想，精准扶贫，对黄姨这样的家庭来说是提高生活水平，看到生活的新希望；对我而言，是接地气的工作，察实情，解民忧的机会。

给他们打打电话

长沙市望城区白箬铺镇 唐菊罗

2016年11月20日 星期日 中雨

今天的天气不好，雨一直下个不停，本来计划去探望我的扶贫户，由于工作原因，我没能去黄嗲家走走，但是我一直惦记着我的扶贫对象黄嗲。

黄嗲名叫黄光兵，家住龙莲村窑坡组，黄嗲是1939年出生的，其妻王菊华是1945年出生的，老两口年事已高，疾病缠身，尤其是黄嗲瘫痪多年，卧床不起，居住条件差，生活困难，看不到生活的希望。

10月13日我第一次到了黄嗲家中。在去黄嗲家钱，我准备了一些大米、植物油、食品和一份精准扶贫的文件资料。黄嗲是个很憨厚的人，当我结合文件针对黄嗲家的实际情况进行讲解时，黄嗲很是期待且耐心地听着。都说要采取"一算五看"的方式进行评估：算算该贫困户收支情况：一看房，二看粮，三看劳动力强不强，四看有无读书郎，五看有无病人躺在床。和黄嗲交谈了一个多小时后，了解到这个家庭收入甚微，看病吃药开支大，无劳动能力，因病致贫，居住生活条件差，我看在眼里，急在心里。我把他们的困难和诉求记在心底，我一定会找到合适的办法来帮助黄嗲一家。

因为牵挂，心里一直放不下，我忽然想到可以打个电话来了解一些近况。我掏出电话，又有些犹豫，黄嗲不会用手机，那天走的时候，他给我留下的是他儿媳的电话，电话打过去有没有人接呢？

我试着拨号过去，没有想到接电话很快，电话果然是黄嗲的儿媳妇接的。通话时间不长，但殷殷都是理解与支持。

"喂，你好，你知道我是谁吗？"

"你好，我知道你是镇政府卫计办公室的唐大姐。"

"你咋知道我呢？"

"我公公婆婆告诉我了，你是扶助我公公婆婆的责任人，你到我们家来过。"

"你家公公婆婆近段时间身体还行吗？"

"谢谢，还好。"

"天气转冷了，要他们注意及时添加衣服，防寒保暖。注意安全，不能跌倒。保重身体，享受生活。"

"嗯，我在外打工，我跟他们讲了。"

"有什么困难什么想法你打我的电话吧！"

"好。你送了那么多东西，春节还慰问了他们，我家娘家爷又吃了低保，感谢政府呐。"

"好的，一定记得有困难和我联系。"

"好的，好的，一定会的。"

打完电话，我心里很甜蜜，也很放心。虽说这样的通话很普通，但是却也是一种温情。我想，自立且感恩的人，一定会过得越来越好。

精准扶贫，一直在心中

长沙市望城区黄金园街道工委委员、组织委员 谭芝藩

2017 年 1 月 21 日 星期六 晴

　　小年二十四，接到电话，说是精准扶贫对象的女儿。我感到很奇怪，她在电话里反复问我住在哪里。问有什么事，她吞吞吐吐地讲：家里喂了几只鸭子，没喂饲料，想送两只给我，感谢我对她家的关爱……

　　这样的感谢很温暖，这样的惦记很诚恳，这样的言说很朴实。当然，我始终没有告诉她我的住址，只能一再表示她的好意心领了。

　　回想一年来，我联系的这户人家，易海涛两夫妻，年近70，住着三间土木房，乍一看，似缺了半幢，屋檐下虽挂着袋子、干菜和木材，却显得干净整洁。入户是门厅，供奉着一尊地方神圣，右边是两个两米高的圆形水泥谷仓，如今很少见的几张笨重又陈旧的小靠背椅子倚在墙边，地上有坑洞，整洁干净。卧室拥挤和昏暗，古旧的两门木柜，架子床，书桌，再有便是简易的厨房柴火灶。妻子老年病缠身，几年没有劳动能力，偶尔见她在院子里浣洗衣服，也只有一只手使得上劲，老易也是老实人，说的最多的反

151

反复复一句话："感谢父母领导，托父母领导的福……"

他们说，下雨的时候，雨泥会倒灌进屋里来，没有像样的厕所，三个女出嫁后条件很差，没有帮衬。多年来多亏了低保金解决温饱，唯一的心愿，住个完整的房子，修缮或改造，只要住得安心些就满足了。

朴素的愿望，在这对老人家的脸上衬出了一丝光彩。我深感责任重大，在多方核实该户的情况后，我领着街道负责危房改造的小伙去实地察看，看是否合乎规划，是否符合建房条件，是否可以纳入 2017 年度危房改造户。从整改着手，心里沉甸甸的这份责任开始有了落脚点。期待着，老易夫妻能在完整的新房里迎来新春，他们声声"父母领导"始终萦绕在脑海之中，使我不敢半点懈怠，精准扶贫，一直在心中……

一步一个脚印帮扶

长沙市望城区委老干局 谭望岳

2017 年 1 月 1 日　星期日　多云

　　今天是元旦，2016 年，已随着日历的最后一页永远的翻过去了，我将面对全新的 2017。此刻，我想到的是扶贫，精准扶贫。

　　来乌山街道金树村结对，一起开展精准扶贫工作已经快半年了，身边总有朋友会不解地问我，你一个在机关里工作了一辈子的人，怎么跑到村里搞起精准扶贫来了？当同事们在办公室里朝九晚五、不亦乐乎、忙着自己工作的时候，我却骑着自行车来到了这个小山村。

　　熟悉金树村吗？不熟悉。

　　搞过精准扶贫吗？扶贫工作还有点经验，这"精准"扶贫嘛……怎么个"精准"法，心里没数。

　　我们老干部局有什么资源可以精准扶贫吗？还不清楚。

　　对啊，那我来这里干嘛？！

　　可是我找不到不来的理由。

　　按照区委、区政府的统一部署，在去年的"精准扶贫"工作中，区老干部局联点乌山街道金树村。作为局里的中层干部，我接过了驻村队员的神圣使命，成为了全区 109 个驻村队员中的一份子。

"老谭吧？刚说起你你就到了。"去年我刚到金树村，支书熊详就笑呵呵地打招呼。在和支村两委班子简单寒暄后，我第一次参加村里的精准扶贫会议。

"大家好，我叫谭望岳，我是驻村工作队员，来做扶贫工作的。"会上，我了解了村里的大致情况。金树村位于乌山街道中部，由原金盘村和枫树村合并而成。辖 20 个村民组，总人口 4268 人。面积 9.8 平方公里，其中耕地面积 4.68 亩，养殖水面 1200 亩，其他作物种植面积 3800 亩。该村贫困面大、贫困人口多，是一个以农业为主的贫困村。

在随后的一个多月里，我与村干部们一起走村入户，调查核实贫困人数和致贫原因。最终，我们确定了 49 户贫困户名单。他们当中，大多数是因病因学致贫。家里人生了病，每个月需要支付巨额的医药费，病后不能出去做事赚钱，孩子们的学费也付不起；还有的是因为缺乏种植技术，不了解市场行情，只知道按照惯例进行农业种植，产量不高，收益也少，一年到头忙，却难达到致富目标。

调研结束，将沉甸甸的 49 户贫困名单揣进兜里，我感觉到了前所未有的忧心。眼下这么多贫困户，我能够给他们提供哪些帮助，又有哪些资源可以帮到他们呢？

其实精准扶贫工作刚安排下来的时候，我也在想，农业部门可以"技术下乡"支农惠农，林业部门可以栽花种树美化乡村，开发园区可以"招兵买马"帮扶就业，而老干部工作部门服务的都是老同志，除了每季度走访慰问一下，还能干些什么呢？

思来想去，也没有其它好办法。要不就从老同志入手试试，说不定他们也愿意出点力？方向明确后，局务会讨论通过，老同志表决赞成，一个大胆的"银发扶贫"蓝图开始绘就。随后，局出台了区"银发扶贫"工作实施方案，在全区离退休干部中，选出了 42 名有知识、懂技术的老同志，组建起"银发扶贫"专家信息库。哪家有需求，就载着懂技术的老专家上门服务，把科技、文化、关爱、健康送到贫困户的家门口，助力"精准扶贫"，共建美丽乡村。去年6月7日，邓学东、周协光等老专家开展送科技下乡，指导蔬菜种植、龙虾养殖；7月12日，石雪晖教授到果木栽培专业户家中传授水灾后果木自救技术；8月4日，中南林科大风景园林学院副院长及设计团队赴村支招美丽乡村建设规划。老专家们的到来，每次都能恰到好处地解决手头的麻烦，受到了村民们的欢迎。

"你好，是老干局吧？我是金树村的卞艳芝，我有事请你们帮忙！"去年8月的一天，我在办公室接到了村民卞艳芝的电话。卞艳芝在电话里讲述了她的难处。几天前，她收到了民政职业学院寄来的录取通知书，上面写着她女儿肖娜已经被该院录取，要在9月6号办好报到手续。卞艳芝的丈夫去年因肺癌离世，欠下了几万元的债务，她没日没夜在外打工，才让女儿顺利完成了高中学业。这大学一开学就要准备上万元，去哪里弄这笔钱呢？她着急之下就想到了我们。对卞艳芝的请求，局务会进行了集体讨论。按照往年的惯例，区关工委每年都有一笔贫困助学金，重点帮助大学本科新生入学，而湖南民政职业学院属于大专，不在资助之列，但考虑到她们家的实际情况，局务会全票通过，同意给予她爱心资助。

在给予肖娜爱心资助的同时，我们也对其余48户贫困家庭进行了摸底。随后，湖南科技学院大一新生熊泽鑫、湖南科技职业学院大一新生张亚璇，高中生罗思喻、罗阳、李紫阳，小学生周惠莎等也收到了爱心助学金。

较往年而言，今年的扶贫工作，最大的不同在于"精准"二字。这几个月时间里，我们一方面把农业技术"精准"送到急需技术指导的家庭，另一方面将贫困家庭学子的助学金"精准"送到手上。

2017年，我想更多地把精力放在精准致富上，比如说免费发放野鸡苗给农户养殖，到期购买回收；比如植树节给村民发放果苗，鼓励他们种植，培育新苗，到期帮他们卖果苗或者水果；比如农户家的农产品滞销，帮他们找销路……精准扶贫，我还有很多事情要去做，争取能够真正做出成效来。

帮助别人 分享快乐

长沙市望城区乔口镇 谭建新

2月28日，是我人生最有纪念意义的一天。我自掏腰包为三位扶贫帮困对象分别购买了两瓶食用油送过去，还帮陈凤秋老人家挖了一块菜土，帮王爱辉老人炒菜招待客人。

我所联系的三户贫困户中，陈凤秋老人家最困难，家庭经济差，又因内风湿性关节炎导致腿脚变形，年纪大，不能外出打工挣钱。大儿子早些年大病，花了不少钱后撒手人寰，大媳妇和孙子出走。为了更好的帮助照顾陈凤秋老人，我想经常抽空去陪陪老人家，帮她解决生活中的一些困难，用自己的心去温暖这位孤寂的老人。

王爱辉的丈夫英年早逝，在丈夫重病期间花费不少，举债累累，两个小孩又要读书，负担特别重。我知道她的家庭情况后，多次上门做思想工作，给她家送去床上用品等物资，鼓励她勇敢面对生活中的困难。为帮其改善住房周边环境，我出资请挖机帮她家挖掉多余土方，并介绍她去柏乐园工作，目前有了固定收入。女儿大四快毕业了，很快就能找到工作自力更生，儿子在学挖机，将来也可以靠技术吃饭，生活朝着幸福的方向奔去。

　　另一位扶贫对象是徐容香老人，两个女儿均已出嫁，条件不好，一个人生活。为解老人苦闷，我多次去看望她，陪她聊天唠嗑、帮她干干家务，春节前后去慰问了老人家，并送上慰问金及慰问物资。

　　帮助别人，使别人快乐，自己也能从中分享快乐，也是很有意义的事情啊。

脱贫后——如既往予以帮扶

2017 年 1 月 26 日　星期四　阴

长沙市望城区月亮岛街道党工委副书记　谭舟

　　今天是春节前一天。上午，我和村干部一起去走访了我的扶贫对象吴申科。这是在吴申科脱贫后，我第三次到他家走访。刚到门口，就被热情的老吴拉着进了屋，随及喝上了他亲自泡的一杯热气腾腾的茶……

　　老吴是我进入月亮岛街道工作后安排的精准扶贫一对一帮扶对象，起初，我对他这个家庭一无了解，提供的表格内容上的情况介绍也十分简单，为了更好的了解及帮助这个家庭，我的第一通电话打向了月亮岛社区治安主任。

　　那天，龙主任跟我介绍说："吴申科吗？他是我们社区一位典型的困难户，他有智力残疾，未婚。在早年，他的哥哥过继了一个女儿给他，名叫吴润萍，也患有先天智力残疾。2011 年，他的女儿结婚了，可婚姻生活并没有维系几年，到 2013 年就离婚了，生育的女儿吴春娇归女方吴润萍抚养。这么一来，他家的困难变得更加的具体了。"听了龙主任的介绍，我不禁陷入了沉思，应该从哪方面入手，来帮助这个特殊的家庭呢？

第二天，我邀上龙主任，提了点水果来到了老吴家。老吴家真的十分穷困，房子是多年前祖辈遗留下来的土坯房，3间小屋，厨房的屋顶还漏水，木门因年深月久，被腐蚀了一半。像这样的破旧的房子，在月亮岛这个发展建设较快的街道已经绝无仅有了。

经过一个小时短暂的交流，我的脑海中，大概呈现出了初步的帮扶计划。根据他的实际情况，我们替他写了救助报告，申请了低保；又和教育局联系，为他的孙女办理了免费就读，解决了他最担忧的小孩上学问题。与环卫局联系，帮他找到了一份保洁的工作。正当为他的住房感到焦灼时，我街道鸿源园项目建设持续推进，刚好老吴属于红线范围内的征拆户，这个消息对于他来说是再好不过的，拆迁后，他和侄儿共同在重建地购买两块地皮建起了一栋楼房，一家人高高兴兴住进了新房子。

吴申科虽然脱贫了，但我们还是经常去老吴家坐坐，跟他聊家常，依然继续关注着他的家庭情况，协调他家庭中因拆迁产生的一些矛盾、孙女就学等等。某次走访中，老吴喜气洋洋地告诉我，他找到了一个老伴儿，老伴儿之前一直在外擦皮鞋，以后有人作伴了。

喝着老吴的热茶，看到老吴家庭现在和睦幸福的生活，我也为他感到高兴。是啊，有了党的好政策，什么样的家庭不会绽放出笑容呢？老吴虽然脱贫了，但脱贫不脱政策，我对老吴家的帮扶也不会就此止步。

2016 年 12 月 29 日

星期日

晴

打赢精准扶贫攻坚战

长沙市望城区粮食局　王璨

2015 年 6 月，经区粮食局推荐，区组织部选派我为白箬铺镇金峙村第一书记开展精准扶贫工作。我始终牢记责任和使命，肩负组织的信任，以饱满的热情和坚定的决心投身于精准扶贫攻坚战中。按在区扶贫办、局党委的统一安排部署进村入户，精准识别、建档立卡、了解分析村情、民情，认真履职。

12 月 8 日，我一大早就赶到镇政府参加镇上举办的精准扶贫工作推进会，会上我出来打电话给帮扶对象袁满红，这次总算得到了袁满红的准信，11 点她跟单位请两个小时的假，在家等我见面。

袁满红，女，45 岁，早年丧偶，带着两个女儿和年迈的婆婆一起生活。现在婆婆年纪大了行动不便，大女儿在外地打工，上初中的小女儿不幸患上了地中海贫血，她本人也有病在身（在腰部长瘤两个，现已切除一个）。

虽然家庭不幸，但是袁满红十分坚强，将身体的病痛瞒着外地的女儿，一直在家附近的单位打工。作为帮扶责任人，我已经上门走访慰问多次了，每次都是袁满红的婆婆在家，老人家年纪已经很大了，听力不好，总是自说自话。可是从她断断续续的诉说中，我还是听出了袁满红这些年为这个家的付出，以及对儿媳妇的疼爱和自己无法为其分忧的无奈。

我通过电话联系，跟袁满红进行了多次的沟通，她说收到了我们的慰问金，对我们的精准扶贫工作表示满意，也希望能与我见面，正好我今天电话给她的时候她还在家，她临时向单位领导请了两个小时假才促成了今天的见面。

11点会议刚结束，我就和村干部刘书记直奔袁满红家。袁满红在家前坪放了一个小矮桌和几张椅子，桌上面还摆了两小碟瓜子花生，忙前忙后地帮我们倒茶。我们忙招呼她不用忙了，过来坐坐。

我向她介绍了精准扶贫工作的相关政策，针对她的情况，我详细介绍了低保兜底、教育助学、医疗救助方面的政策。可是这个坚强的母亲说道："感谢干部对我家的帮助，其实，我一直都没想过要吃低保，虽然现在我身体不好，家里确实有困难，但是我大女儿在外地打工，每年还是会寄钱给我的，我这瘤子只要不再长大也没大事，只是做事久了腰痛站不起来，反正还是能做事咯，能赚钱养家，比起我村上还有更困难的呢，把低保指标留给他们吧。"听着她朴实又无私的话语，让我深受感动。当我们问及她小女儿的病情时，袁满红不禁红了眼眶，说道："其实，我最担心的还是小女儿，经过你们的医疗救助，女儿的病情已经得到了控制，但是我发现她很反感我们提到她患病的事情，不准我们说她生病了，一说就哭，好像自己和其他的小伙伴不一样，很自卑很胆小，我都不知道该怎么办了。"听她这么说，我忙问她要了她女儿所在班级和班主任姓名，希望能帮助她联系到小女儿的校长和班主任老师，请老师们配合家长能多多关注她的情绪，让她能够解除心结，早日康复。

解决了这些棘手的问题，我对袁满红家的未来发展还是担忧，于是我问她："袁满红，解决好这些，你以后有什么打算呢？""没什么打算呢，我赚的钱就够勉强维持生活，还有什么打算咯。""如果我们能够帮你申请免息小额贷款，你想做什么呢？" "真的啊，那我可以在家门口找个小门面，做早餐小吃啊，这样我没那么累，还可以照顾到家里，这里靠近大马路，一定生意好，那样就真的太好了！"袁满红信心满满的回答。

　　眼前这个女人的回答让我不禁感到震撼和佩服，能够看到他人的困难，不争着抢着要补助，只要我们能为其提供一点点的帮助，她就能主动想办法脱贫奔小康。一个中年丧夫的女人，肩负着养育被病痛折磨的女儿，照顾着年迈的婆婆，居然还能拥有这样强烈的责任心，做一个爱心满满的母亲，一个孝顺的儿媳妇。即使一贫如洗，她也没有被生活压力打垮，在重重困难下，她依然有摆脱贫困的信心和决心，向我们传达了强大的正能量。我们不禁对精准扶贫工作充满了信心和力量，相信有政府的惠民政策，加上帮扶对象的脱贫决心，生活的乌云总会散去，我们的明天会更好。

不忘初心 脱贫攻坚

长沙市望城区环保局书记、局长 王宏

　　走进眼前这幢灰暗的民房，老人余德清的笑容不再是第一次见面时的尴尬，他热情地喊着"主任"，招呼我们到家里坐，冬日的阳光，照在这位背部微驼的老人脸上，显得格外灿烂。

　　仍记得第一次上户时看到余德清的场景，破旧的外套，洗得发白沾着泥点的黑裤子，一双开裂的布鞋能清晰地看到脚趾。这个看上去已有 80 来岁的老人，实际上还只有 68 岁，冠心病、急性心肌梗阻时刻折磨着他，使他不得不放弃劳作，在家静养，儿子余庆滔就读于湖南第一师范酒店管理专业，生活的重担沉沉地压在妻子廖友芝身上，这个 52 岁的妇女用做清洁赚到的每月 1200 元和废品回收的一点点收入，顽强地支撑着这个家。

　　我自幼生于农村，长于农村，与人民群众有着割舍不断的深厚情感，特别是在乡镇工作多年，始终不敢忘记全心全意为人民服务的根本宗旨，但随着生活水平的不断提高，我也搬离了农村，享受着社会发展的成果，身边高楼鳞次栉比，渐渐阻隔了我与人民群众交流的眼神，感觉与人民群众的这份情感日渐疏远。直到走进这个被苦难折磨的家庭，才重新唤起我内心深深的情感与自责，我反问自己，在抱怨工作压力大、生活琐事繁杂的时候，能否想到，还有像余德清这样的老人，甚至连走出家门都是奢望？在排斥南方湿冷空气，想着给自己家里再添一台空调的时候，能否想到，还有这样的人家，家徒四壁，灯光昏暗？在吃腻了家中的菜肴，想到饭店换换口味的时候，能否想到，红薯、咸菜依旧是他们的主食？

痛定思痛，我们已经不能再袖手旁观，好在国家"精准扶贫"的政策让我们有机会走出浮躁的生活圈，走近这一群被生活、被疾病折磨的群众。2013年11月，习近平总书记到湖南湘西考察时首次作出了"实事求是、因地制宜、分类指导、精准扶贫"的重要指示；2015年10月，习近平总书记在2015减贫与发展高层论坛上强调，中国扶贫攻坚工作实施精准扶贫方略，增加扶贫投入，出台优惠政策措施，坚持中国制度优势，注重六个精准，坚持分类施策，因人因地施策，因贫困原因施策，因贫困类型施策，通过扶持生产和就业发展一批，通过易地搬迁安置一批，通过生态保护脱贫一批，通过教育扶贫脱贫一批，通过低保政策兜底一批，广泛动员全社会力量参与扶贫。

也就是去年9月13日，我带领长沙铜官窑遗址管理处帮扶工作队与花实村村支两委对接，第一次上门了解我们所对接的22户贫困户的基本情况，在与每一户倾心交谈过程中，我深刻认识到，只有把每一户的情况熟记于心，才能对症下药，才能开出方子。于是，我立马对下一步精准扶贫工作作了安排部署，要求我处帮扶队必须时常对自己帮扶的对象进行下户走访，随时保障电话沟通，宣讲精准扶贫政策，认真解答帮扶对象的疑虑和问题，并送达精准扶贫双向告知书，根据不同的情况制定出一户一策具体帮扶措施。

今年1月18日上午，我再次带领机关干部赴铜官街道花实村开展走访慰问活动，临近年关，老百姓的家中也多了一份节日的喜庆，再一次收到我们的慰问金和慰问品，他们的感谢之情溢于言表，不善言辞的他们只能不住地说"感谢你们，感谢党和政府……"

　　精准扶贫，关键是一个扶字，"一把钥匙开一把锁"，"一种病情一个方子"，找到贫困的症结并对症下药，恢复贫困家庭的造血功能，治标又治本。引导、帮扶他们就业、创业，提升他们的生产生活技能，增强贫困户自救的能力，才能吹响脱贫攻坚的集结号。

她只是不爱说话

长沙市望城区白箬铺镇　万意球

2017 年 2 月 14 日　星期二　晴

今天，我又走访了我的帮扶对象，去看那个只是不爱说话的人。

去年 10 月，我开始接触精准扶贫户，龙唐村邓家湾组的李铁军。他们一家五口，妻子彭美兰患精神分裂症多年，儿子李浩辍学，在东马小镇学汽修、李铁军因车祸致四级伤残，仍在雨花区某物流公司打工，与兄弟一起赡养年迈的父母。

年前，我已有四次走访，那栋两层小楼，没有装修，家里冷清得很。每次走访，只有彭美兰在家。记得第一次走进她的家，她穿得很整洁，眼神却很无神。我不明白一个患有精神分裂症的人会是怎样一种心态，内心对这个世界是怎样的认知，甚或我不知道该如何开口与其交流，但我想，不交谈又如何尽我所能帮助这个家庭。

我没有太多资源，但至少可以听她的倾诉。我以为应该可以依着以前所学的心理学知识，知道一些她内心的表达，因为，我始终认为她，只是不爱说话。

　　果不其然，她只是不爱说话。我走进她的家，她脸上会有笑容，她会示意我坐下；我说话，她应该能听懂，就是听不懂，她好像也知道那是帮助她们家的，她会露出倾听的样子；我做的，她能领会，她看到我递上的大米和食用油会点头，接到递上的绵薄之心会微笑。尽管偶然做出的反应动作透露出一丝生疏和防备，我仍相信，她只是不爱说话。她懂这些，只是她真的不爱说话，她的心中有爱和感恩，只是不会表达。

　　每一朵花可以折射一个世界，每一个人可以建造一个天堂，每一个家庭可以拥抱一种幸福。虽然不幸是暂时的，但只要不忘记努力、不放弃希望，幸福的曙光终究会映照到每一个人身上。

平凡的感动

长沙市望城区机关事务管理局 文四喜

2016年11月2日 星期三 晴

　　下午1：30，我们来到苏介吾家中。这已是我半年来第4次到他家中，每次一来，老两口不是在田里菜地忙着，就是在自家打扫卫生，今天也不例外。见到我们，他们早早地迎在家门口。向他们说明了今天的来意，苏跃宇局长送上了自己带来的一些慰问物资：一壶油、20斤米、一袋红枣和一袋墨鱼。老两口说不尽的感谢。作为帮扶责任人，苏局长主动和老两口聊了起来。我坐在旁边，看着两口子布满皱纹的脸颊和那双因劳动生茧的双手，心中涌起一股莫名的感动。眼前浮现了第一次来时的情景：老娭毑向我们诉说，儿子因意外身体残疾，没有什么劳动能力；媳妇身体不好，在社区街道做一些修修补补的事补贴家用；孙子上高中、每年的学费成了全家人的负担；出嫁的女儿在女婿去逝后大病住院两次、精神都出现问题……老两口近80岁的高龄，从来不敢歇气，因为家中的情况不允许他们有松劲。每次来总是能够听到老两口对生活充满无奈却又从不言弃的倾述；而我，每一次来都为老两口的辛勤付出而感动……每每为他们乐观的心性而感动、为一家子未来的出路而思考……

离开苏介吾家，我们来到了苏伯联家中。该户给我的印象很深，其夫妻都是残疾、丈夫的眼睛完全失明，一个女儿出嫁、有轻度的抑郁症，儿子大龄未成家、在外打工谋生。远远地，他妻子姚润泉就笑眯眯地站在门口。同样，我们向她们介绍了新的帮扶责任人、送上了一些慰问物资。苏伯联一个劲地说着感谢的话，讲得兴起，还为我们讲述了自己年轻时候的一些经历，说起了如今的政策是多么好、他们享受了国家给予的一些扶助等等。这一对夫妻，丈夫给我的感觉是乐观、妻子给我的感觉是朴实。苏局长又详细询问了其儿子的就业状况，询问有什么需要帮助的。两夫妻笑着说，她们最大的心愿就是盼着儿子快点成家。我想，有这么样乐观、勤劳的父母，我相信他们这个家庭是幸福的，眼前的困难是可以克服的，衷心地祝愿这一家子。

……

半天的走访，在我的脑海留下深刻的印象和深深地感触。社会在进步，人民的生活水平在提高，但在我们身边，仍有少数人生活在贫困线以下，她们或因病、或因意外、或因残、或因年迈……作为社会、作为政府、作为一名党员，我们能够做什么呢？我又能够做些什么呢……但愿老乡们健康平安！

让扶贫阳光照进心灵

长沙市望城区农业和林业局 危丽

2016年12月8日 星期三 晴

　　根据局精准扶贫工作的统一安排，我结对联系了茶亭镇泉丰村的一户贫困户。他原本也生活在一个幸福美满的家庭，父母都是教师，家中虽不算富有，但也衣食无忧。可天有不测风云，才上小学时，一场无情的车祸夺走父母的生命，留下他和仅大他两岁的哥哥相依为命；生活的艰难可想而知。

　　第一次见面，我们约在了他做事的工地附近，一是因为他家的房子年久失修，已完全倒塌，二是因为他工作的工地上事情较多，为了不耽误工作，所以我们在工地见面了。一见面，我就完全推翻了之前想象出来的催人落泪的煽情画面，出现在我面前的是一位成熟稳重的大哥，衣着整洁而精神，言语沉稳而自信。

　　在后续接触中，他告诉我小时候由于家里的变故，一度让他成了可怜人，政府和亲戚、朋友们都同情他、帮助他，他很感激，却总感觉日子清苦而没有希望。就像别人口里说的，他们实在是太可怜了，慢慢的自己也这样认为。

可是他内心非常渴望改变这种状态，不想一直成为别人眼里的可怜人，他相信自己能得更好，所以拼命地工作、做事，后来真的发生了很多改变。虽然政府和好心人对他的帮助没变，但他的生活却随着心态的变化发生了很大的改变。他高兴地告诉我们，去年他就已经主动申请脱贫了，现在他拥有了自己的小家庭，虽然生活压力依旧较大，但感觉人轻松了许多，没有了"心灵上贫困"的枷锁，生活也变得更有希望。

他的这番话引起了我的沉思。原来，最可怕的不是物质方面的贫困，而是心灵上的贫困。有时候，走出心灵的贫困比走出物质的贫困更为重要。心灵上脱贫了，物质上的贫困会转变为前进的助推器，激励人的斗志，激发人的潜能。

曾经看过一篇报道，讲述一名大学生荣获五四青年奖章的真实故事。她是来自河北省偏远农村贫困家庭的一名大三学生，十来岁的时候父亲暴病去世，母亲常年卧病在床，还有一个年幼的妹妹，她用自己柔弱的肩膀撑起了风雨飘摇的家。她靠勤工俭学，不仅解决了个人学习生活费用，还创立了用自己名字命名的助学基金，帮助了三十多个贫困家庭的孩子上学。这名大学生在接受采访时说道："自尊、自信对于在贫困和苦闷中挣扎的人来说太重要了。"

想到这些，我觉得自己的扶贫工作思路必须调整。扶贫工作就不仅是节假日多上门慰问，送钱和物资，帮贫困户争取相关政策扶持等。现在我觉得，在做好这些工作的同时，我们更需要做的是对贫困对象有发至内心深处的尊重、理解和关怀，不是站在高高在上的施舍者的位置，而是设身处地与他们交心，让他们重燃对生活的希望，彻底走出心灵上的贫困。

让更多的扶贫的阳光照进心灵吧，给他们更多的鼓励和温暖，我希望看到他们脸上更多的笑容。

驻村日记

长沙市望城区水务局 危彪

2016 年 10 月 15 日 星期六 阴

　　一大早，雨下个不停，心里惦记着住在东一家、西一家的帮扶对象。我们冒雨进入泉丰村，走进贫困农户家中完成昨天未完成的任务。我们同乡亲们拉着家常、讲解扶贫政策，用笔记录生产、生活困难情况，用相机见证一瓦一房一家人的境况。秋雨也停了下来，汗水也不流了，大家心里都暖暖的。天大的困难也一下子让微笑着的精气神赶跑了。

　　说实在话，驻村以来，每年都会很多次到贫困户家中走访，这其中既有单位的扶贫联系点，也有个人的联系点。每次到贫困户家里走访，都会受到一番心灵洗礼。今天又受到了一次心灵的洗礼。

　　"他家最困难了，三口之家，老婆、孩子都患有精神疾病，自己年纪也大了，家庭的经济支柱就靠他一人！"还未到帮扶对象张大武家，便听泉丰村书记余胜强感叹到。沿着村里今年刚刚修好的水泥路，翻过一个上坡，来到一个坑坑洼洼的水泥坪。坪里杂乱的堆放锄头、钉耙等农具，两间正房年久失修破烂不堪，西侧水泥空心砖垒的墙体开裂倾斜，冷风直灌屋内。余书记连喊几声"武爹——武爹——"，才从黑屋子里探出一个黏着黄灰的脑袋。他就是张大武，终于见到了 70 岁高龄的张大武老人。见我们造访，他高兴地迎出来。出乎我们意料的是，老人精神矍铄，只是有点耳聋。武爹给我们介绍说："虽然家里面经济条件比较困难，儿子、老婆都患有不同程度的精神疾病，没有正常的劳动能力。家中里外全靠自己一个人操持，但是对以后的生活还是充满信心的。现在的医学这么发达，儿子的病通过治疗，慢慢地在恢复好转。"武爹还告诉我们说，他的心愿就是希望儿子的病能够早一天好，再娶个媳妇，他就心满意足了。至于经济方面，老人说，自己身体还硬朗，村里面安排了他一个公益性岗位，打扫一下环境卫生，劳动强度不大，自己完全能胜任。

当我们离开他家时，武爹非要出来送。当他接过慰问品时，一个劲儿的表示感谢，说党没有忘记他们，习主席没有忘了他们，还流下了眼泪，这让我们内心里很不好受。

回去的路上，我的内心深深的被武爹的质朴而感动，被他面对生活的艰难困苦而不低头的精神所感染。我想今后我会继续在自己的工作中带上一襟他们的质朴情怀，情为他们系，心为他们牵。

关注扶贫递真情 党的关怀暖人心

长沙市望城区大泽湖街道 吴维

春寒料峭，冷风飕飕。今天一大早，雨就下个不停。我与社区妇女主任龙金兰一同驱车再次来到4组周树梅的家中。

一进门便看见周树梅和儿子周超在堂屋忙活着做汤圆，妻子李晓因为身体有残疾，坐在一旁的凳子上，也有模有样地学起来。看到我们的到来，一家人笑脸相迎，招呼我们进屋坐。经过简单的寒暄，原来明天就是传统的元宵节了，眼下正是一家人好好团聚的时刻，因为过完这个佳节，周超就要去学校读书了。

周树梅一家三口人，妻子是二级残疾人，先天性语言障碍，腿脚也不灵活，不能正常与人交流和独自生活。令人欣慰的是，儿子周超在念高中，学习成绩很优异，但一家的经济来源主要靠着周树梅打点零工，来负担一家三口的衣食住行和儿子的学费。

　　我们一边拉着家常、一边给他讲解扶贫政策，用笔记录生产、生活困难情况，用相机见证一瓦一房一家人的境况。

　　周树梅完全明白家中的负担有多重，家中的经济情况有多难，但脸上什么时候都带着微笑，可以感觉到他对美好生活的向往。他说，最少要供儿子读完大学，如果可能还要念博士。说完这话，看到这个男人脸上不好意思地笑了，我很明白儿子是周哥的希望，是这个家的精神寄托，他自己累一点、苦一点没什么。

　　这个家虽然有残缺的地方，却让我感觉到了家庭的温馨，从交流中可以感觉到母亲对孩子的无私慈爱之心、用哑语和手势与孩子在交流。就在那一刹那间，我的心里有一种说不出的辛酸，在这个小家庭里充满了多少欢乐、幸福，儿子很听话、很懂事、成绩优异，这个家会越来越好。

　　在交谈中，了解到周哥的经济来源不多，仅靠打点零工维持一家人生计。我当即留下了联系方式，用简单和直白的话语鼓励周哥，说有什么事情需要我们帮忙的就和我联系，党委和政府也会考虑他们家的实际情况，尽量为他寻找和安排工资高一点的工作。

　　回去的路上，我在思索。该如何帮助困难群众解决实际问题？如何让他们过得更好？能给予困难群众更多的帮助。但个人的力量毕竟是有限的，真心的鼓励、微薄的资助并不能从根本上改变当前困难群众的困境。国家的惠农政策日渐丰厚，社会保障日益完善，农民的生活已经得到很大改善，但还有相当数量的农民没有脱贫。要解决他们的贫困，主要还是要靠党和政府的帮助，社会的关心。

最美的风景是含泪奔跑的人

长沙市望城区国家税务局　吴春林

2016 年 12 月 28 日　星期三　多云

已是年尾，我坐在办公室回味着自己参加扶贫工作的点点滴滴。

2015 年 2 月，自正式联点扶贫黄花岭村以来，通过入户走访调查，我深感这个看起来山清水秀的小山村，却有一些贫困的农民兄弟。他们之所以贫困，有的是因老致贫，岁数大了，劳动能力下降，又缺少青壮年劳动力，生活境况窘迫；有的是因学致贫，学费和生活费，造成巨大的经济压力；也有的是因愚致贫，个别农民由于智力障碍或者没有文化知识而导致贫困，他们思想保守，不外出打工，也不懂得积累。

在导致贫困的各项因素中，最主要的是因病致贫。在黄花岭村的 40 户贫困家庭中，基本都是有病患的家庭。朱国政，患严重糖尿病，且有并发症；刘国，患尿毒症多年；文寿华，重度残疾，孙子患重病；肖红喜，患癌症，儿子未成年；熊小红，患精神病，儿子也患精神病……他们都被疾病折磨着。

病不起啊，一个家庭，如果主要劳动力因病丧失劳动能力，生活将被打乱，甚至摧毁。承包地没人种，不能出外打工，为了治病救命，家庭生活随即就会陷入困顿，甚至陷入绝望。每天，他们为了生计苦苦挣扎，在病痛孤寂中苦苦煎熬。在走访中，我们总能遇到一些让人心酸的故事，泪水总会情不自禁的在我们的眼眶里打转。贫困百姓的日子过得苦啊！

然而让我们感动的是，这些淳朴的农民兄弟接过慰问品时，总是充满着感恩，感恩党没有忘了他们。然而，面对生活上的诸多困难，他们很少怨天尤人、自暴自弃，而是努力通过拼搏来改变自己的命运。

当然，扶贫是一项浩大的工程，需要各级共同努力，多方施策，对症下药。"扶贫先扶志"，在扶贫送温暖的同时，我们要从思想上、精神上进行帮扶，要让贫困的农民兄弟首先从思想和精神上脱贫。

忘不了 2016 年 2 月，当长沙下起第一场鹅毛大雪时，我们区国税局副局长丁寿斌带领着国税局员工冒着严寒与大雪，进入了黄花岭村，看望慰问那些空巢老人、特困户、留守儿童。在送给他们慰问品和慰问金的同时，与他们促膝谈心，了解他们的生活、生产情况，鼓励他们一定要坚定生活的信心，敢于面对困难，有困难大家一起帮扶面对。与此同时，根据各个困难家庭的实际情况制定帮扶政策，把扶贫扶到根上，扶在心坎上，"不放弃，不抛弃"，不让疾病放弃医治，不让青少年辍学，让他们的生活继续绽放出新的希望。

任信，年幼丧父，靠母亲打零工维持生活。多年来，对于这个"苦水里泡大的孩子"，"拉一把""扶一下"，善良的村民都把他当自家孩子。支村两委则从政策上帮助他，没有让他因为贫困而放弃学业。"只要坚持读书，就有希望"，黄花岭村支书陈胜、扶贫专干陈琪始终没有放弃他。在他们看来，这不仅是任信的希望，也是他们的心愿。去年，大学落榜的任信一度想放弃学业，外出打工，但在区国税局党委书记朱清平和村部的鼓励和支持下，任信选择了一所职高技校的数控专业，继续深造。"真正的强者，不是流泪的人，而是含泪奔跑的人"，任信的话语，让所有为之坚持的人感到欣慰，希望也因此在这个困难的家庭里，再次重生。

刘国，患尿毒症多年，没有劳动能力，家中有一个女儿读大学，一个儿子读高中。"人不能改变的是自己的出身，但能改变的是自己接下来要走的路。"这个家庭虽然穷困，但却坚强。"日子总会好起来的，天无绝人之路"，结对帮扶的丁寿斌副局长总是这样鼓励他们。区国税局和村部为他们大力争取低保、助学金、大病救助。其中，大病救助报销达80%多，此外，村上每个月还补贴500元医疗费用。无论怎么艰难，都没有放弃对刘国的治疗。"喝杯茶吧！"，每次接过刘国的妻子递过来的豆子芝麻茶，我们的内心总是如茶水般滚烫，这茶水有党民一心的亲情与真情，也有我们共产党人的责任与使命。

扶贫工作任重道远，经过多年扶贫减贫，剩下的都是"硬骨头"。习近平总书记在《弱鸟何以先飞》中也谈到，"要使弱鸟先飞，飞得快，飞得高，必须探讨一条因地制宜发展经济的路子"。扶贫工程是最大的民心工程，精准扶贫才能成就最大的德政、善政。

其实，贫穷的黄花岭村，也有很多可贵的财富。黄花岭村生态环境良好，森林覆盖率达到了65%，水资源丰富，溪流河道、水库山塘密布。这里没有城市的喧哗，没有工厂、没有烟囱，这里的人们每天呼吸着新鲜的空气，喝着甘甜的井水，吃着自己种的粮食和果蔬。但如何变"输血"为"造血"，帮助黄花岭村充分发挥自身资源，尽快改变贫穷的面貌，是摆在我们面前最重要的任务和责任！经过不断实地调查和研究论证，在现有产业和资源的基础上，大家一致决定把休闲农业作为村民脱贫致富的主导产业。按照旅游的各项要素和休闲农业的特点，区国税局下决心，不断推进精准扶贫的力度、速度和进度。抓住精准扶贫的关键——"授人以渔"，区国税局和村部联手，帮助村民成立了专业养殖合作社，并定期邀请专家对村民进行生态养殖、特色种植等方面的培训。目前，家庭养殖虽然还没有成规模，但却是遍地开花，家家户户都开展家禽养殖，如鸡鸭等，每户均达到了近百只。仅这一项，每年就可以为每户带来近万元的收入。

黄花岭村的贫困家庭，2015年脱贫9户，2016年脱贫24户。2017年，黄花岭村将实现全面脱贫。然而，这场精准扶贫的攻坚战，我们并不会因为困难家庭的脱贫而宣告结束，我们还要帮助困难的农民兄弟致富，帮助他们迈入小康社会。

总之，在黄花岭村扶贫的每一天，我都被各种人和事感动着。这感动与共产党人的责任使命有关，也与农民兄弟的自立自强有关。走田坎、进门槛、入心坎，扶贫扶志，授人以渔，共产党人用精准扶贫成就了最大的德政、善政。"真正的强者，不是流泪的人，而是含泪奔跑的人！"黄花岭村贫穷的农民兄弟没有向贫穷屈服，更没有让贫穷跨代，而是点燃了脱贫致富的火焰。善良、淳朴、热心、温情、坚强、奋斗……从他们身上，我看到了，在扶贫这项伟大的民心工程中，最美的风景是含泪奔跑的人。

2017 年 1 月 25 日　星期三　小雨

他的坚毅让我感动

长沙市望城区大泽湖街道　魏伟

　　年底了，征拆安置项目扫尾工作艰巨，忙碌了一上午。下午带着街道慰问金，自己购买了一些生活必须品，来到精准扶贫对象王学文家。夫妻俩刚吃过中饭，热情接待了我。

　　王学文户现有两人，本人及妻子。女儿已嫁乌山街道，儿子在几年前已经因病过逝，家庭致贫的原因就是因为儿子从小体弱多病，大概从 5 岁起就开始在医院医治至 19 岁，花费巨额医疗费并背负沉重的债务。现在，家庭条件稍微有好转，住两层楼房，家电齐全。环境较好，王学文依靠帮人装修房屋或打临工攒取生活费，妻在家操持家务，夫妻反映除负债外，生活还是基本过得去。

　　王学文对我的到来表示感谢，并对政府一直以来对他家的关心深表感激，因王学文身体状况一般，不能做重体力活，问他是否愿意做一些保安或保管员等工作，可以帮他推荐一下，他表示收入太低，不愿意，自己搞装修还能多赚点，争取早日把债务还上。前几次到他家我都曾表示如果有困难、有事情需要政府或我个人帮忙的可随时打电话给我，他说一般没什么事不能老是给政府添麻烦，自己现在虽然困难些，但还能自食其力，只是如果有装修方面的业务帮他留意介绍即可。

王学文的做法让我着实感动，在如今金钱至上的年代，他们夫妻凭着自己的努力，并不想依靠政府和他人的救助来改善生活。没有因为儿子病逝而丧失对未来生活的信心，我对这个坚毅的家庭充满了敬意，尽管街道和本人对他的帮助不能从根本上解决他家的困境，但我认为良好的社会关系环境和政府精准扶贫的举措可以在这寒冷的冬天带给他们温暖，激励他们，对未来的美好向往，能过上幸福的生活。

房屋改建 安享晚年

长沙市望城区市政管理局局长 肖宇杰

今天，我来到了我联系帮扶的贺桂春家里。贺桂春已经 74 岁高龄了，妻子患高血压、冠心病等多种疾病，女儿已外嫁，家庭十分困难。老两口相依为命，最大的心愿就是把现在居住的危房进行改造，让两人有舒适的房子安享晚年。

农村危房改造是我区实施的民生工程项目，结合当前精准扶贫工作，帮助困难农村群众解决基本居住安全问题。危房改造这一民心工程作为脱贫攻坚的着力点，大力推进贫困户危房改造刻不容缓。贺桂春一家也有 2 万元的危改资金。

"感谢领导，您操心了！"老贺一如既往地面带微笑，迎上来说着感谢的话。我说到："不用感谢我，要感谢党和政府精准扶贫的好政策！"

我和老贺坐下来攀谈，聊起旧房子墙体破损严重，刮风下雨就得担心受怕；聊起改造房屋施工时应该注意的安全事项；聊起房屋建成后应该怎样规划空间……不知不觉攀谈了个把小时。

回到单位，我一直在思考，对于像老贺这样的扶贫对象，除了应为他们争取到尽可能多的扶贫政策，号召更多的人给予他们支助外，他们更需要的是在每一个平常的日子里，有人来真心地倾听他们的声音，并给他们讲一讲外面的世界，哪怕只是亲切地拉拉家常，也能让他们感受到党和政府的关爱，感受到晚年生活的温暖。

当前，各级政府都在大力开展扶贫帮扶工作，都在尽心尽力解决贫困户群众的脱贫致富问题，但是要做好、做出实效，还需要我们更加精准地推动精准扶贫工作。首先，进行及时正确的政策宣传很重要，要让贫困户知道根据自身的情况可以从哪方面去努力。其次，要想办法调动群众自身脱贫的主动性和积极性，帮扶责任人无论怎么帮扶，具体的事项还是得帮扶对象本人来实施，因此调动帮扶对象自身的主动性、积极性尤为关键。然后，帮扶干部还要多关心帮扶对象的生活细节问题，多拉拉家常，比如问问他们的身体状况、儿女婚姻情况等，这对于部分年老的帮扶对象非常重要。在我国现有养老体制下，老年人，尤其是农村贫困老年人的养老问题应该引起重视。只有从群众的需求出发，带着感情来倾听百姓呼声、了解百姓的困难，真正做到想群众之想、急群众所急、解群众所难，干部和群众之间才会拉近距离，他们才会信任你、感激你，并上升到对党和政府的信任和感激。只有这样，我们才能做百姓的贴心人，从而确保精准扶贫工作能落到实处。

一天天幸福起来

长沙市望城区铜官街道 肖艳辉

2017年1月20日 星期五 晴

农历十二月二十三，有点过年的味道了。根据精准扶贫工作要求，年底要将所有对象走访一遍，今天我和区供销社李红玉主任、杨先后主任下户走访了两户联系对象。

下午一点，我们首先来到刘妹均家。这家是一个很特殊的家庭，丈夫因犯罪已执行死刑，她自己右肾切除，女儿读职高。今年，她又因病手术治疗花去大笔医疗费，本已十分困难的家庭更是雪上加霜，女儿面临失学。我们帮她申请了大病救助与低保；帮她女儿申请了雨露计划。"要不是政策好，我真的不知该怎么生活。"每次去她家时，她都十分感激政府没有抛弃她。今天我们了解了她家最近的情况，要她有什么困难及时向村委会、政府反映。临出门时，刘妹均拉着我的手，激动地说："谢谢你们，感谢党和政府精准扶贫的好政策"。

第二户是梁铁家。我一边走，一边想起了梁铁家的情况。他家4口人，他自己患血小板减少性紫癜，股骨坏死，三级肢体残疾；妻子体弱多病，不能正常劳动；女儿读大学，儿子读高中，面临失学。房屋年久失修到处是裂缝。

刚下车，梁铁妻子就迎上来，她笑着说："多亏李主任和村上帮我们争取资金修缮了房屋，不担心漏雨了，3万元房屋维修资金已到位。"她非常高兴的带我们看房屋修缮的地方。"儿子、女儿的学习费用也有着落了，低保金已按时发放，残疾人家庭学费补贴到了，有6000元呢，孩子们安心读书，成绩都进步了。我们可以安心过春节了！""共产党的政策好，如果没有共产党，就没有我的今天。"这是梁铁妻子常常说的一句话。

因为经常走访精准扶贫家庭，给予他们鼓励与帮助，他们已把我们当做他们的亲人，无论大小事都愿意和我们商量，我们也尽力把他们的事当作自己家里的事情来处理。但这次走访回来，我却有了不一样的心情，我们看到了他们的辛酸、朴实与坚强！无论是生活上还是精神上，他们都极需要照顾与关怀。我在思索：精准扶贫，该如何帮助困难群众解决实际问题？如何让他们过得更好？如何给予困难群众更多的帮助？个人的力量毕竟是有限的，真心的鼓励、微薄的资助，并不能从根本上改变当前困难群众的困境。国家的惠农政策日渐丰厚，社会保障日益完善，农民的生活已经得到很大改善，但还有许多村民没有脱贫。要解决他们的贫困，除了他们自身的努力，主要还是要靠党和政府的帮助、社会的关心。对于孩子，要关心他们的思想、学习；对于有劳动力的青年，要积极引导就业、创业。想办法调动群众自身脱贫的主动性和积极性，积极发挥自身作用。让每户困难群众感受到党和政府的温暖，让他们也共享改革成果，一天天幸福起来。

一件憾事

长沙市望城区桥驿镇 夏亮

今天是腊月二十七，马上就要放春节假了。下午我接到去慰问社区困难党员的通知，很是开心，立即带上自己准备的过年慰问物资，准备慰问完党员，就接着去红星组给周阿姨两口子拜年。

早几天已经走访过一次周阿姨家，但当时跟随大部队匆匆拜访，有点赶场的意思。所以尽管这几天事情很多，却总记惦着放假前抽时间再去走走。周阿姨是一对丧子的老夫妻。那天走进她们家时，所见虽然简陋贫寒，但干净整洁，夫妇俩温和勤劳，只是言谈间掩饰不住的是两老的孤单。我当时心里就默想，在能力有限的当下，一方面要为之争取帮扶和政策，另一方面要尽可能多来走走，用陪伴来消解他们的孤寂。所以早早地，我就像要走亲戚一般，备了些常见的过年礼品，计划着哪天去看望一下老两口。

下午天气不太好，雨蒙蒙的，乡间路滑，同事只能慢慢开车前行，因社区要慰问的党员住得比较分散，一下午时间，兜兜转转坐坐，很快就 5 点了。偏偏同事这时又接了个临时工作任务，需要赶紧赶回办公室处理。我一时没辙，只好跟着他折回机关。回程路过村部时，我将礼品交给一位住在周阿姨家附近的社区干部，拜托他帮忙把新年的一点心意给我送到。

晚上，社区干部微信传给我一张照片，是周阿姨站在大门口，我准备的礼物放在她脚旁边。社区干部的用意是告诉我，东西送到了，让我放心。可我在看到照片的那一瞬间，却颇有些后悔。因为周阿姨站在门口的姿势，让我想起周末回家时妈妈站在门口接我的样子。我想，春节将至，周阿姨肯定愈发思亲，愈发期盼家里热闹一些吧。可是照片里，只有周阿姨一个人的身影，好生冷清。我虽然不是她的亲人，但将近半年来的走访，对她而言，也是个特别的存在。若是下午我们办事的效率更高一些，或下班后绕个道，自己再往她家去一趟，陪她聊聊天，说说近段发生的新鲜事，虽然对改变她家的贫困无补，但总归比留下这样一张充满遗憾的照片，要来得更有意义吧。

"精准扶贫"扶的不只是经济，更是信心

长沙市望城区市政管理局副局长　夏炼佳

　　冬日的清晨，阳光仍有几分暖意。一大早，我和几位同事按照约定的时间到达白箬铺镇光明村村部，村里的几位干部已经等在门外了，一如既往地热情周到。算起来这已是我们第 4 次集体上门走访帮扶对象，但因小路纵横交错，总是在弯弯绕绕中迷路。幸好光明村的村干部们都是极有耐性的，每一次都会热情地为我们引路，几次三番，一点儿也没觉得麻烦，按他们的话说："大家都是为我们光明村造福来的，这点辛苦算得了什么？"话语间流露出来的爽朗、豁达让人感到亲切。每一次的相处都能触动灵魂，我感动于他们的这份真诚善意，更感动于他们的执着坚守、无怨无悔。

　　由于时间紧迫，大家伙儿在村部简单地寒暄几句便分组前往各自的帮扶对象家中了。我的帮扶对象李忠富，早前因患脑梗死，丧失了劳动能力，如今饮食起居全靠妻子照顾着。李忠富家一子一女，儿子正在上初中，女儿在市里一家食品公司上班，每个月的薪水不多，但那是这个家

唯一的经济来源。

初次到李忠富家中时，我的心里便悄然生出一股暖意。这个经济困难的四口之家居住在一间面积不大的平房中，家具摆设十分简陋，但细看之下就会发现屋子里竟找不到任何随意摆放的杂物，里里外外收拾得格外干净整洁。当时，李忠富的妻子正好外出，家中只有他一个人。因为生病的原因李忠富腿脚不太方便，说话也有些困难，但得知我们的来意之后他还是十分高兴的引我们进屋，步子迈得虽然艰难，脸上的笑意却是常在的，嘴里还不时地念叨着"谢谢！政府好啊……"他模糊不清的话语起初我听得是有些吃力的，后来经过村干部解释，加上多次接触，渐渐地我也能和他攀谈上几句。

在前几次的走访中我了解到，镇政府已经为李忠富申请了医疗救助，并给他的儿子争取到了助学金，这个家庭的经济压力因此减轻了不少，他和他的妻子都十分感恩。今天我再次来到这里，一是要进一步了解他们目前的生活状况，以便日后更好的为他们提供帮助；二是想赶在新年到来之前给他们送去一些基本的生活物资，让他们过一个温暖、丰足的新年。

一行人刚走出水泥路迈上石子小道，便看到李忠富和他的妻子正站在门外，似乎早已知道我们要来。"以后我们过来还是别提前通知他们了，这样让他们等着怪不好意思的！"想到他们夫妻俩可能已经在门外等了许久，我的心里很不是滋味。"您误会了，我们并没有提前通知他们，今天大概是凑巧吧！"村干部笑着说。李忠富的妻子一边笑着招呼我们进屋，一边为我们泡茶，坐下之后大家便像老朋友一般话起家常来。这才知道今天早上李忠富的妻子准备去赶集，结果在半路上看到了我们的车从集市口经过，她料想大家必定要去她家里看看，便提早折回了家中。"怎么着我也不能让大家扑个空呀！"村里人的大方热情我是早就见识过的，所以对他们做出这番反应也就不觉得奇怪了。为了不让他们费心准备午饭，一行人瞅准时间放好带来的米、油和棉被便准备离开，结果他们夫妻俩太过热情，大家还是费了好大劲才婉拒了两人的好意。临走时，李忠富还是像往常一样嘴里不停的说着感谢的话。

　　我加入到光明村联点帮扶工作队伍已经有大半年的时间了，在这期间我在光明村看到的心酸故事很多，感人的故事也很多。村民们的质朴、纯真使我感觉温暖，村干部们的执着、善良让我由衷敬佩。偏僻的山村物质上虽然贫穷，但精神上的富有绝不是一个端坐在办公室不曾走入基层的干部能够想象得到的。精准扶贫对偏僻山村的穷苦农民而言，扶的是经济之贫，但对参与扶贫工作的领导干部们而言，扶的却是信仰之贫。如此想来，精准扶贫工作带给我的竟是一次意料之外的精神洗礼。

喷香的豆子芝麻茶

长沙市望城区环境保护局交通建设管理中心主任 徐佳

　　根据局里统一安排，我们今天统一走访扶贫帮困对象户，我负责联系桥驿镇禾丰村彭检华户，我们都叫彭检华彭嗲。

　　第一次来彭嗲屋里，第一感觉就像是回到了儿时的农村，彭嗲的房子是上世纪 80 年代末建的，虽然略显陈旧，但收拾得很干净，房子正前方有一小块菜土和一个小池塘，周边环境很整洁，也许是远离城市吧，这儿非常的静谧，所以第一感觉并不是想象中的贫穷，而是儿时农村的那种熟悉而又温馨的场面。

　　走进彭嗲的堂屋，映入眼帘的是用麻袋垒得高高的稻谷堆，看得出来彭嗲是现今农村为数不多的靠种地为生的农民，收入应该不算太好，起居室和厨房也是早些年代典型的布局，简单但是很干净。看得出，彭嗲是个勤劳的汉子。

　　彭嗲妻子袁姨客气地招待我们，给我们每人泡上一大杯芝麻豆子茶，芝麻豆子放得很多，盐味也很中。袁姨边招待我们边扯家常，彭嗲今年 65 岁，身体状况不好，没有劳动能力；彭嗲妻子袁姨今年 56 岁，常年在家务农、照顾丈夫；彭嗲有三个女儿，均已嫁人，据彭嗲自己讲，三个女儿女婿家庭条件也是一般，所以生活过得很清贫。

彭嗲的主要诉求有两条，一是希望可以领低保，二是希望可以修一条路进屋。据村上反应，彭嗲家里有三个成年女儿，一般来说这在农村里条件还算过得去，因为女儿比较疼娘家嘛，按照政策套算，彭嗲的年收入不符合领低保的条件。彭嗲家里的道路离村里的主道有一小段距离，早些年修村小学，彭嗲主动将祖屋后移，所以产生了这段距离，道路一直没有硬化，出行不方便。

彭嗲家里的情况，我仔细记录下来，和村里的干部也进行了细致的交流，讨论解决办法，村里答应道路硬化上给予一点帮助，大家一起把道路修好。临走之前，我给彭嗲送了一点慰问金，略表心意。

今日工作稍微得闲，我第二次来到了彭嗲家。

这一次，彭嗲家里的水泥路已经修好，解决了他家出行不方便的大问题，彭嗲一家喜气洋洋地迎接我们，我也特别高兴。据彭嗲讲，这一次修路，村里资助了一部分，女婿出了一部分，自己出了一部分，然后和女婿自己动手修建。彭嗲还邀请我去新修的水泥路走一走，我赞扬彭嗲修路的排水去向和设施都考虑得很周到，彭嗲一脸的自豪。

关于领低保的事，我多次和村里联系，村里也答应明年帮彭嗲积极争取，这也是彭嗲今天非常高兴的事情了。和上次来一样，我们边喝芝麻豆子茶边聊天，聊得很投机，想到彭嗲家里修路我没能出多少力，就自掏腰包拿了一点心意，彭嗲开始使劲推却，我说等于是道喜，他才收下。

在豆子芝麻茶的香气中，我们聊着聊着，我觉得自己就像是彭嗲的老朋友一样，感受着他的喜与忧，为能够帮到他一点点儿而倍感欣慰。

山路弯弯脚步长

长沙市望城区白箬铺镇　谢耀军

2016年11月24日　星期四　雨

　　一大早，雨下个不停，仿佛为我们洗尘。心里惦记着住在山一家、水一家的乡亲们，我们冒雨进入古山村，走进贫困农户家中完成走访任务。走在滑溜溜、坑坑洼洼的泥巴路上，坚定的脚印浅一脚深两脚的通向远方的家。走进村民家中，老乡们把我们视亲人般递水让座。我们同乡亲们拉着家常、讲解扶贫政策，用笔记录生产、生活困难情况，用相机见证一瓦一房一家人的境况。中午，我们走访到古山村退休村干部何正霞老人家。一位在当地德高望重的老人，一位老百姓心中的贴心人。精神矍铄的老干部告诉我们，他当了10年的村干部，为村民们发展生产、生活做了一些力所能尽的事，获得了一些荣誉。同行的李文超介绍说：老何书读得不多，也不是共产党员，但他思想先进、热爱集体、爱学习，处事公道、为人正派，敢说敢想敢做，乡亲们都佩服他、敬重他。村里大小事都听他的意见和安排。上半年，洪山村公路、水塘被山洪冲毁，老干部带头，组织本组群众10多个党员、群众进行抢险，花了半天时间，终于保住了塘基未垮。

我们随后走访进入江建学家，在谈到今后打算时，他期盼帮扶资金支持，通过联户经营、群众入股、订单收购等方式带动周围乡里乡亲发展生猪养殖，逐步壮大养殖规模，为大家脱贫致富尽一份力。

山路弯弯，脚步声声，梦想在心中，希望在前方。11月24日，从早9时开始进村入户，我们一行2人终于完成了每人4户扶贫对象的调查摸底和访问任务，平安返回政府办公室。

用脚步丈量希望

中共长沙市望城区区委宣传部　叶振武

　　趁着冬日的暖阳，我和文体局干部缪建安同志一起到茶亭镇双桥村，今天的任务主要是查看已经采取的扶贫措施是否取得实效，困难群众的生活是否有实质的改善。

　　乡道弯弯，这是我们第六次来到双桥村。在此之前，姚建刚部长已经五次到村走访、调查以及慰问，对双桥村的扶贫工作有了较为深入的了解，并因户制宜，制定分类脱贫措施。有的着力帮扶发展产业；有的着力帮扶就学就业；有的着力帮扶改善条件。

　　首先我们来到了苏耀武家中，对他家，除了低保兜底、各级慰问和为其争取子女助学帮扶政策外，我们还介绍他本人到一家超市务工，每月有 1800 元的收入，其家中生活有了较大改善。我们去的时候，苏耀武已经出去做事，在询问其母亲的身体情况已经有较大好转后，我们心里感到踏实多了。

　　接着我们来到姚建刚部长联系帮扶的王正良家中。王正良的妻子患有严重的眼疾，儿子还在读大学，家里的房子破旧不堪，现在一家人暂住在亲戚家。这一户除了低保兜底、参加雨露助学计划、进行慰问外，我们还介绍户主在本地打临工，增加收入。我们受到王正良妻子的热情接待，她对扶贫组感激不尽，同时还表达了希望王正良有一份更稳定工作的诉求，看到王正良妻子脸上的笑容，我们心里也跟着欢喜。

当我们走进胡家敞亮洁净庭院时，胡卫兵放下手中的农活大声招呼："来客啦，贵客啊！"其实，胡卫兵夫妇原本不是扶贫的对象，俩口子凭借好的政策和自身的努力，不但建好了新住房还小有存款。不幸几年前发现大儿子和小女儿均患先天酮代谢疾病，为治病花光了积蓄还借贷不少，加之胡卫兵去年又不慎摔伤了脚。这样以来，家里的情形就每况愈下。夫妇俩很感激村上先后4次为他们家组织捐款，扶贫组又通过许多途径帮他们度过难关，胡家才没有失去生活的信心。

走了一家又一家，香喷喷的芝麻豆子茶吃得我不想吃晚饭。我感到，惠民政策给农村带来了实实在在的发展变化，淳朴的群众心生感激之情的同时也新增更多的期盼。这一天，我们扶贫工作队还搜集到了要帮王正良找一份稳定的工作以及要帮冯星照的妻子争取医疗救助两个诉求，并记录在册，这是我们下一阶段的任务。

回家路上，细细数来，2016年区委宣传部扶贫工作队已经走访了85户相对困难群众，对双桥村35户贫困户进行了重点帮扶，基本可以实现年底前19户、56人脱贫。

夕阳西下，乡路在延伸，脚步在丈量。这条路，我还要来很多次，我们不在乎自己有多累，我们只在乎我们的脚步一次次在驱赶贫穷，一次次在丈量希望。

扶贫攻坚事关百姓福祉

长沙市望城区桥驿镇 杨银川

一大早，在镇党委委员、副镇长刘志国同志的带领下，我们 6 名民福村联村干部两人一组对所负责的贫困户进行分头走访。我比较幸运，和基层经验丰富的李青山同志分在一组。

9 点左右，我和李青山在民福村谭桂宏主任的带领下，来到代国军家。代国军，男，50 多岁，低保贫困户，因患病不能干重活，仅靠在村里打点零工维持生计，妻子智障，需经常吃药，没有劳动能力，只能在家帮助打理家务。家庭常常入不敷出，生活艰辛。听村主任谭桂宏介绍，代叔叔听说镇扶贫干部要来走访，一早就把院子里、屋子里打扫得干干净净。一见面，代叔叔就激动的拉着我们的手，一直拉到屋子里请坐喝茶，还不断说着感谢感谢的话。随后我们了解到，去年代叔叔大病了一场，住院期间无人照顾，对家里也不放心，是谭主任请人帮助照看，还主动给他办理了医保报销。寒暄一阵，代叔叔主动说起了今年的收入支出及家常琐事，我们一起认真算了算他家一年的经济帐，代叔叔打零工一个月收入有 1000 多元，加上政府的兜底补助，生活基本已能解决温饱，而且肯定会越来越好的。

约 10 点半，我们来到佘铁文家。佘铁文，男，40 多岁，长期在长沙县一个水泥厂打零工，收入微薄，妻子去年大病一场，花了不少医药费，还需长期吃药进行后期治疗。此外，他还有一个读初中的儿子需要照顾。在走访中，我们对佘铁文有了进一步的了解，他是个吃苦能干、勤俭节约的人，虽然打工的地方并不远，为了省下车费，经常是一个月回家一趟，平常家务处理、老人照顾、小孩读书等都由患病的妻子负责。听着佘铁文讲述着他的脱贫计划，我深切的感受到了一种自强不息、奋发向上的精神，也让我下定决心，要长期发挥联村干部的作用，一定要让贫困户都过上好日子。

中午在村部简单地吃了盒饭，我们来到王正祥家。王正祥，男，78 岁，低保户，年老体弱、经常生病，家中房屋破旧，还是 90 年代建的土砖房。走访中，我们了解到老人还有一个患智障的女儿，已经 40 多岁了，老人含辛茹苦地照顾了几十年，现在看着自己身体每况愈下，担心百年之后女儿没人照顾，说到伤心处，老人难过起来。看到这样的情形，我们纷纷劝说老人一定要坚强，要相信党和政府，一定能够把各项事情处理好。

下午四点，我们联村干部一起回到了镇上召开碰头会，大家普遍都感觉到党和国家的政策越来越好，对贫困户的识别和帮扶都越来越精准，但农村脱贫尤其是特殊人群脱贫短期内真的很难，需要上级政府下更大的决心、投更多的资源。

扶贫攻坚事关百姓福祉，是"头号民生工程"。近年来，桥驿镇以"打造麋峰古驿品牌、建设生态旅游小镇"为目标，结合实际，正深入推进精准扶贫、精准脱贫工作。

2017年1月19日　星期四　阴

感情越来越近了

长沙市望城区行政综合执法局　言福明

　　临近春节，局党组最放心不下的还是徐家桥社区的困难群众能不能过上一个祥和幸福的节日。作为分管负责同志，我也感觉到了沉甸甸的责任。回顾将近一年的联点生活，与群众交往的场景历历在目，我既亲眼见到了困难群众生活的拮据，也见证了他们在党和政府帮助下日渐舒展的面容。我想，精准扶贫工作的成效是显著的，但也需要我们一件接着一件干、一锤接着一锤敲，才能取得最终的胜利。

　　今天下午，我和局班子成员、大队班子成员一行7人在局长易涛同志的带领下，来到了徐家桥社区开展计划总走访慰问活动。一下车，就看到了徐家桥社区肖书记和肖主任。看到我们的到来，他们非常高兴，在片刻交谈之后，肖书记坦言社区困难群众比较多，困难也比较多，确实需要相关部门的大力支持。易局长当场就表示要尽全力帮助社区困难群众脱贫，班子成员深知社区工作不容易，愿意出钱出力，调动一切可以调动的资源帮助群众解决实际问题。肖书记紧紧握住了我们的手，点头表示感谢。那一刻，我的心被一股暖流包围，有这样心系群众的干部，何愁工作开展不好呢？

分组安排后，我们带着慰问金和米、油等物资分头往困难群众家中赶。7户帮扶对象是我提前一天打电话约好的，我一时大意，事先准备好的一份困难群众基本情况表忘记带了。我一下懵了，这可怎么办？我急得不得了，心想这要是万一班子成员对某些情况不太熟悉，有些问题忘记了怎么办呢？正在我心急如焚之时，易局长轻声问我："怎么啦，有什么问题？"我如实说了情况，大家都一笑置之，一幅胸有成竹的样子，还安慰我："放心吧，我们对困难群众的情况记在心里了。"我如释重负，看来，这一年的精准扶贫工作可不是白干的，大家对结对群众的情况非常熟悉，可以说是如数家珍，对于困难群众的家庭人口、职业、住址、致贫原因等等，班子成员心里都是有一本册的。

穿过蜿蜒的乡村公路，越往乡下走，越感觉到冷空气迎面袭来，闻着前方勤劳农家栽种的柑橘树、柚子树的清香，我知道今天帮扶的贫困户农家快到了。

在贫困户肖剑家，局长易涛同志详细了解了肖老及老伴的生活情况和病情，当了解到老人家每月要透析两次，经济压力比较大时，安慰老人家说："困难只是暂时的，一切都会变好的！"他还亲自帮助肖老联系社区及相关部门减免相关费用，肖老及老伴非常感动，再三表示感谢，热泪都快流了下来。

副书记黄纳新同志一进贫困户任应华家，就立马走到躺在病床上的任应华旁边，和他拉家常，并说："这是我个人的一点小小心意，祝老人家身体健康！春节愉快！"任老激动极了。

派驻纪检组长李程鹏同志刚进王金恺老人家的农家小院，就听到几只鸭子在叫，他连忙问："老人家，您家的鸭子长这么大了，是准备自己吃吗？"老人家说："哪里啊，上集镇去卖，还有三只没有卖出去！"李组长问："那能卖多少钱一只鸭子啊？"老人回答："大概一百五六十元一只。"李组长说："那我600元买2只鸭子，好吗？"老人说："怎么能要钱呢？您都看望我多次了，还好意思要你的钱！"李程鹏同志硬是把钱塞到了他的手中。

　　副局长唐华大同志一进帮扶对象肖光荣家，他本人不在家，华大同志就和肖嫂子姐弟相称，一句一句"姐姐"的称呼，笑得肖嫂子合不拢嘴，他还鼓励肖光荣的两个女儿："现在要努力学习，将来才有出息！"他还帮肖嫂子申请了社区卫生清扫岗位，缓解了经济困境。

　　我右手背着一袋米，左手提着一桶油，快步走过两边种着柑橘树的马路，经过稍窄的石子小路时，踩出一些声响。这时跑出来一只狂吠的家犬，它一老远看到我就停止了叫唤。主人家知道有人来，马上面带微笑，热情地走出来迎接，这就是我的帮扶对象熊桦家。熊师傅经常做晚班，身体有点劳累，我嘱咐他多注意身体，还说"身体是革命的本钱！"，他又笑了。熊师傅家的住房还是 80 年代建的，现在看来有些破旧了。我现场查看了熊师傅家的住房，并和他说："我帮你向街道和社区申请了危房改造资金，估计 2017 年的危房改造会纳入进来。"他又笑了。

　　这虽然都是一些不起眼的小事，但是却饱含着我们班子成员对群众一份真情，我们将精准扶贫落实到自己的实际行动中。慰问后，每一名扶贫对象脸上洋溢着笑容，纷纷表示"感恩党和政府的关怀，在新的一年，要更加积极地面对生活。"

　　我们离开了扶贫对象家，离他们的家距离越来越远，但感情却越来越近了。

好政策 让他们振作精神

长沙市望城区经济和信息化局副书记、副局长 余建龙

今天是我春节前走访慰问我的扶贫对象李金国的日子。

以前，他一家四口日子还过得去，种几亩田、喂一栏猪、园子里一园菜，自己间常出去打打工补贴家用，自给自足，倒也其乐融融。可自从妻子患病以后，家里的情况发生了变化。由于要照顾妻子和正在读书的儿女不能外出打工，经济压力越来越大，妻子治病还需要钱，不得已，女儿辍学出去打工补贴家用。不料屋漏又逢连夜雨，前年他自己也因病住院手术，一下子家里更加困难了。现在孩子的学费、自己和妻子的医药费，笔笔支出都不是小数目。

走进李金国家时，他正在清理自家猪圈，见到我，马上丢掉手上的扫帚迎了上来。看得出来，我的到来，他很激动。我送上了一点慰问金和物资向他表示春节的慰问和祝福，并和他攀谈了好久，详细了解他家情况和需求，向他宣传党的扶贫政策，并将他的发展计划一一记在本子上。我鼓励他说："有党的好政策，各级部门的关心，再加上你自身努力，过上好日子一定会梦想成真。"从他渴望的

眼神中，我感受到一种向上的力量和工作的激情，我相信生活的沉重打击
不会磨灭他的意志，相信他会振作精神，更加坚强地生活下去。

给孤儿多一点关爱

长沙市望城区靖港镇 易心宜

2017 年 3 月 9 日 星期四 小雨

　　2016 年，我镇积极开展扶贫方针工作，各联村联户干部都奔忙在扶贫一线，脚踏实地、埋头苦干；慷慨解囊、扶贫济困；集智聚力、建言献策。我们党政办联系的是众兴社区，其中我联系了四户贫困户，分别是黄家组的黄光祥，他的儿子患病残疾，生活不能自理，一直依靠父母照顾；黄家组的黄德云，他患有肺结核，妻子有精神疾病，无法劳动。黄家组的曹明清，因患肺癌而致贫，因病情过重于2016 年年底过世；以及黄家组的任子龙，其父母先后去世，现在与奶奶段菊香相依为命。

　　第一次去探访任子龙时，他没在家。今天特意再去走访，去他家的路不好走，是一条泥巴路。刚下完雨的路上有些泥泞，杂夹着碎石头和碎瓷砖，不管是开车还是走路都费劲。距离其家还有 100 余米时，我把车停在岔路口边，走了过去。段奶奶拿着扫帚在大厅扫地，我们说明了来意后，段奶奶眼睛立即有些湿润。段奶奶 70 多了，有两个儿子，一个女儿。丈夫在几年前采药摔伤去世，小儿子年初因事故死亡，其妻子也因病去世，剩下上初中的任子龙和奶奶一块过日子。在政府的协调下，大儿子与女儿会定期接济段奶奶和子龙。段奶奶问，能不能帮她把低保申请上。我告诉她，已经帮您孙子落实了孤儿待遇，但因为政策规定，一户家庭不能同时享受两个待遇。因为孤儿待遇更高一点，其实这样对您帮助更多一点。

再来时，任子龙躲在房间烤火，低着头有些倔强的样子。我知道，青春期的孩子都是特别敏感与叛逆的，再加上发生了这么多变故，相处时格外需要小心维护其自尊，不能因为自己行的是善事，就大大咧咧的在无意中给孩子造成伤害。我示意段奶奶，悄悄在院子里聊聊。段奶奶现在主要就是担心孩子上学的问题，怕孙子没人管教而学坏。我说，您现在放宽心，行为上看好他，但是平时言语上别给他太大压力。他知道你关心他的，镇村也会关注。只要他身心都健健康康就好，不考大学也可以学技术，都不差的。段奶奶听后也稍微轻松了些。临走时，我避开任子龙悄悄给了段奶奶 400 元，希望能让他们在这个冬天稍微温暖一点。

治政之要在于安民，安民之道在于察其疾苦。段奶奶曾给我写下她的名字，字体舒展稳重，看上去一点都不像一位 70 多岁农村妇女的字。加上无论何时，其家中都收拾得干净利索，我知道这是一位对自我有要求，有自尊的人。我想，对于她和子龙来说，最痛苦的不是贫困，而是坎坷命运、亲人别离。

长沙市望城区桥驿镇　易安定

帮扶之责，常挂心头

2016 年 4 月 27 日　星期三　晴

　　精准扶贫是党中央为实现 2016 年全国贫困人口生产、生活同步进入小康，共享改革开放的成果，脱离贫困而制定的一项惠民政策。作为一名扶贫工作队员，我感到非常的荣幸，我联系的扶贫对象在桥驿镇杨桥村民望片，共有三户人家。上午 8 点多，我和队员们一起来到了杨桥村，开展对联系户的走访。

　　首先，我来到了周乾坤家。周乾坤快满 19 岁了，已达到成年人的标准，因为疾病早早夺走了他的双亲，周乾坤显得比同龄的孩子更沉默寡言，也比同龄人更懂事。我看到这个比我高出一个头的孩子，拘束地站在一旁听他叔叔给我介绍情况，心情十分沉重，忙叫他坐下，告诉他："我是你的结对帮扶对象，以后我们就是一家人了，有什么困难和问题都可以告诉我，我一定会尽全力帮助你的。"听到我这么讲，周乾坤放松了，开始轻松地和我交流起来。他告诉我，他现在正在长沙学习厨师，已学了一年多了，希望能找个地方上班。了解到周乾坤有一技之长的信息，我很高兴，觉得只要帮周乾坤联系到一个好的单位，他脱贫致富是不久就能实现了。

从周乾坤家出来，已是上午 10 点多，我满怀信心来到了周文奇家中。周文奇是一个身残志坚的人，1984 年生，因为患小儿麻痹症，他的下肢需依靠双拐才能行走，语言能力也较差，单身一人，在家里人的帮助下，勉强经营着一个麻将馆。他的情况就是这么特殊，因为身体和没有文化的原因，无法胜任其他工作，全靠家里人的帮助和政府兜底救助。我能帮他干什么呢？听他妈妈讲他的双脚经常发病，一痛起来就是用双拐也无法行走，我觉得我只能在治病上为他想点办法了。我决定抽时间走访下我认识的中医，咨询看有没有好的治疗方法，其次是，尽我的能力，为他提供一些学习的书本来充实他的生活，或在有需要的时候为他提供一定物质和金钱的帮助。

下午我又来到了周国才的家中。周国才是一位近 70 岁的老人了，因为内风湿和冠心病，老人饱受疾病的折磨，每天都必须吃药，虽然儿女都已成家，由于经济条件也不是很好，对老人的接济并不是太多，老人和妻子过着比较清贫的生活。对这样一位老人，我觉得在帮扶上，一方面是要做好他儿女的工作，平时再忙再累也要多关心父母，毕竟为了他们的成长，老人们曾经付出太多，另一方面，老人们患的疾病，没有十分有效的根治方法，主要还是要鼓励他们保持乐观积极的心态，结合药物治疗，在有生之年快乐，我也抽时间来看望老人，并尽自己的能力给予帮助。

走完三个结对帮扶户，已是下午 4 点多钟了，在心里，既有着对帮助周乾坤脱贫的轻松自信，也有对周文奇和周国才状况的难以释怀。但不管怎么说，既然已结对成一家了，我就要下定决心，在工作之余好好为他们的健康幸福多想办法，以尽到我的帮扶之责。

不让生活压垮信念

长沙市望城区金山桥街道 姚武

2017 年 3 月 14 日 星期二 晴

　　"她家最困难了，两个孩子，丈夫因病去世了，小女儿特别优秀，现在都是研究生了。"未到帮扶对象邱利红家，便听金山桥社区书记杨波感叹道。

　　我和综治办主任冯治强来到邱利红家。他丈夫因病去世，大女儿现在已离婚，住在家里，无收入来源，小女儿正研究生在读。邱利红说起小女儿是满满的骄傲，虽然丈夫曾经患病，花去了家中的所有积蓄，还负债累累。但是小女儿的优秀给了这个中年女人带来了些许的安慰。当天，我们带去了一些小慰问，接过慰问，她连声感谢："感谢政府对她们的关心，辛苦工作人员大老远的来到她家"。我们向他宣讲了现在政府的惠民政策，希望她可以好好利用这些政策的优惠，让自己家脱离贫困，过上小康日子。

　　一个中年丧夫的女人，一个人肩负两个孩子的重担，丈夫去世留给她的仅仅是一栋 80 年代修筑的空荡荡的房子，存款已用于丈夫治病，负债累累。即使这样，她没有被生活压力打垮，依然有摆脱贫困的信心和决心。

山路在延伸，脚步在丈量，梦想在心中，希望在前方。我们坚信，有各级政府的坚强领导，举全社会之力，定会打赢这场扶贫攻坚战。

您的信任让我们更加努力

中共长沙市望城区委宣传部副部长　姚静

2017年2月10日　星期五　晴

跟往常一样，我带上精准扶贫工作资料跟随村干部谢展再次去看望冯照爹。冯照爹全名冯星照，是我联系的贫困户，家住丁字湾街道双桥村向家冲组，冯照爹已过古稀之年，有过两次中风，家中还有一位长年卧病在床、生活不能自理的二级重残妻子。

阳光明媚，春意盎然，一路上，道路两旁的树木熬过严冬，枝头开始吐露新芽。路上我想，还未出正月，不知道冯照爹有没有出去走亲戚，天气这么暖和，冯照娭毑是不是也可以扶下床来晒晒这久违的太阳？

来到双桥村部后，我跟着谢展穿过一条狭窄、荆棘丛生的羊肠小道，远远就见他们的女儿挽着冯照娭毑坐在堂屋外晒太阳。还没来得及打招呼，冯照爹已经冲着我们招手了。老人精神似乎不错，招呼我们坐下后，就对着一旁的女儿说，"这姑娘小伙是区里和村上的干部呢，经常来看我们老俩口，每次来又是宣讲政策，又是送这送那的，你看，这姑娘今天手上又提了啥？"

春节前夕我跟谢展去看望照爹一家，看他们老俩口的衣着都很简陋、单薄，回家后我整理了一大包自己和家人没怎么穿过的棉袄、毛衣之类的给他们带了过来。

"照爹，这是我从家里带的一些衣服，您看您和老伴用得上不？"我说。

冯照爹一听都有些激动了，他嗫嚅着嘴唇说："真是太关心了，我们俩的衣服平时都是街坊四邻给的旧衣服，你看你的衣服都是新的，真是太感谢了。"

"共产党的干部真好。对我们老俩口太关心照顾了。"冯照嫉驰也跟着说了起来。一旁的女儿听后也是满脸感激，一个劲的端茶添水。

是的，因为这份信任，我仔细研读精准扶贫政策、宣传手册后，摸清了冯照爹两口子可以享受的兜底扶贫、医疗扶贫政策，向老人多次宣讲并督促村干部落实到位。因为这份信任，我经常去看望他们，陪他们说话，听他们拉家常，并捎上些生活用品或慰问金。因为这份信任，我跟谢展多次找到街道辖区内一企业，终于给他的儿子谋到了一份补贴家用的工作。只为不辜负这份信任，我感受到肩头沉甸甸的责任和使命。

环顾照爹的小院，春节的喜气还未褪去，红通通的对联贴在堂屋门口，熏得金黄的腊鱼、腊肉挂在了院内。照爹说，这对联是街道举行送春联活动时，村上安排人过来贴的，这鱼肉也是村上腊月二十八送过来的。

临别时，冯照爹告诉我们："过完年我在后山上喂了十几只鸡，姑娘小伙子你们住哪里啊，我送些土鸡蛋去你们家吧。"

"不用了，照爹，这些都是我们应该做的。"我跟谢展相视一笑，同时说出了这句话。

开朗乐观地面对生活

长沙铜官窑遗址管理处 殷霜

2016 年 9 月 13 日 星期二 阴雨

今天是我第一次作为帮扶责任人与贫困户结成帮扶对子，走访情况已熟稔于心，铜官街道花实村石子组余铁文家。

从单位出发，很快就到达了他家，与想象中的不同，家中光景不是黑漆漆地、杂乱无章，倒收拾得干净整洁。只有女主人张大姐窝在沙发里没精打采、满面愁容。寒暄过后，我与张大姐拉起来家常，她丈夫余铁文，在附近的三环颜料厂上班，女儿上初二，目前她已经到了甲状腺癌症中期，经过多次化疗，每天服药，药物的作用已经夺去了她的气力，整个人都轻飘飘的，只能做一些简单家务，终日窝在家里不能出门，巨额的医疗费用把这个勉强度日的家庭逐步拉向了贫困的深渊，癌症就像一个巨大的黑洞，让她看不到希望，也让她的家庭一起往下沉，她反复对我说："她也不愿意向政府伸手，实在是没有办法了，家里还要过日子，有了政府的帮助也许就有了勇气和希望。"看着张大姐的脸，我已经读懂了她的无奈与艰辛，只能劝慰几句，要开郎乐观地面对未来的生活。

　　时间飞快，我告别了张大姐，回去的路上，我反复思索，我要如何利用现有的扶贫政策来帮助张大姐一家，更重要的是我要如何帮助张大姐走出癌症心理阴影区，驱散萦绕在她家久久不能散去的雾霾，帮助张大姐树立克服癌症的勇气、重拾积极乐观生活的态度，也许张大姐的病情也会随着心态的转变而好转，也许张大姐还能够继续陪女儿成长，延续三口之家的幸福……

青春阳光的女孩

长沙市望城区水务局副局长 朱小平

2016 年 1 月 23 日 星期六 多云

　　今天，距传统春节也仅仅只有 5 天了，刚刚与我的扶贫对象在办公室见了面，心中思虑良多。

　　我的扶贫对象叫杨青，还只是一个年龄不到 19 岁的在校师范女学生。她住茶亭镇泉丰村，父丧母嫁。是因人事调整，我刚到区水务局而指定给我的一个扶贫对象。

　　第一次到她家里走访，那还是去年九月的时候，是根据区水务局统一安排部署，我和局机关 10 多名干职工，深入到单位的对口扶贫点开展对口扶贫活动，按要求对对口扶贫对象弄清楚家庭状况、弄清楚致贫原因，明确脱贫路子、明确脱贫时间。随泉丰村妇女主任开车一进入她家的前坪，映入我眼帘的是一栋传统的四缝三间的泥砖房。房子很破旧，屋顶盖的还是过去很老式的"燕子瓦"，墙也是很老的土砖墙，窗户也是很老旧的木窗户，房屋地面则是还有点凹凸不平的泥巴地，一看就记起了我在老家 20 多年前的住房的样子。当时接待我们的是一位中年妇女，村妇女主任介绍，这是杨青母亲。我们一起聊了聊天，了解了好多的情况，如家庭贫困的原因，杨青的学习生活情况等等，还讲到了家里负担不起学费的事，讲到了杨青在学校生病的事，讲到了寒暑假要外出实习和打工的事……听了这些，我心中五味杂陈 ，回想自己当时求学时虽苦，也没有苦过现在的杨青；联想起自己的儿子，现在也正是在上高中的时候，衣食无忧，那真是条件要优越无数倍。杨青的妈妈思想境界很高，她很相信共产党、很相信自己、很相信杨青，她相信日子会一天天好起来的。临走时，她没有对我们提任何要求。我从口袋里掏出400元钱作慰问金，她硬是不要，最后我只好悄悄通过妇女主任之手转交给她。回来的路上心里暖暖的，我想，杨青的妈妈虽然非常普通与平凡，但却是当今中国新农村千万妇女的一个缩影，她淳厚朴实，勤俭持家，对生活未来充满希望。我也相信，美好愿望一定会实现的。

后来我又去过一次，但杨青妈妈外出做事去了，杨青也还在学校读书。我是通过电话和微信与杨青联系的，她很懂礼貌、读书也很认真，她婉言谢绝了我到学校去看望她的要求，没办法，我只得以微信红包或微信转帐的方式，发给她一点慰问金，以示对她学习的资助和鼓励。

今天下午，相约见到杨青了，我非常高兴。她是个很青春阳光的女孩，跟她交流了在校生活和学习的情况，她很有理想，也很有主见，是个很能吃苦耐劳的女孩。单位安排的一点米和油的慰问品，算算重量也不轻，我提出开车帮她送到家里去，她谢绝了。最后，我只得背着她请一个同事把东西送到汽车站，让她坐公交车带回去。

想想她是一个多么勤劳、淳朴的好女孩啊！

改善条件 安居乐业

中共长沙市望城区政法委 张著

2016 年 12 月 1 日 星期四 小雨

初冬的望城已经有些冷，而夹杂着丝丝细雨的北风更带来一阵阵的寒意。然而，金山桥社区的贫困户还在期盼着我们，我们毅然加快了走访的步伐。

为了做好金山桥社区 2016 年度脱贫户情况核查工作，准确掌握脱贫户家庭情况，将优惠政策落实到位，在社区工作人员和村组长的陪同下，区委政法委副书记黄国梁带领部分干部一次又一次地对单位联系的脱贫户进行走访。"既然我们结对帮扶，我们与贫困户就是连在一起的一家人"黄书记要求我们要像对待亲人一样对待贫困户，用心、用情去帮扶。

真诚、热情的走访让群众对我们畅所欲言，不仅道出了心声，更提出了许多很好的意见。但由于有些贫困家庭文化素质不高，理解能力有限，不能很好地理解政策。有群众反映：天天喊扶贫，到底什么是扶贫？我们就解释说，"有没有发现进村的路越来越宽，都铺上了水泥？晚上出门有了路灯是不是更有安全感了？自来水用起来是不是很方便？农村的生产生活条件都有了提高，这些就是我们扶贫的意义。"群众听了连连点头。

我们又继续宣传："现在的扶贫政策更多的是大扶贫，通过修桥铺路等手段改善基础设施条件，通过劳动技能培训老百姓赚钱的能力，变输血为造血，这样才能从根本上解决贫穷。"听了我们的解释群众心服口服。我们每到一户都要坐下来和群众谈心，了解他们致贫的原因和致富的打算。

走访中，我们也遇到了令人心酸流泪的事。维稳办张主任联系的龙大哥半月前发生交通事故离世。虽然张主任依照职责积极参与事故调解，为龙大哥的家人争取了一定的补偿金，但终究无法弥补失去至亲的遗憾和悲伤。

当然，我们看到的人大多数充满了希望和期盼的笑容。纪检组长瞿钢冰结对对象刘四明大哥，正在自家房子的工地上忙碌。在政法委和社区的帮助下，他的土砖房纳入危房改造项目，新建砖房已将接近完工。他一看到我们一行人便丢下手中活计，抑制不住喜悦地搓着手连声感谢党和政府的好政策。

感人的故事也还有很多很多。我想：精准扶贫工作任重而道远，不仅仅是解一时的燃眉之急，而是要长久的安居乐业才是真正脱贫，我想我们会在往后的扶贫工作中情为他们系，心为他们牵，齐步康庄路。

鼓励让他们从头再来

长沙市望城区乌山街道党工委副书记 张玲英

2015 年 10 月 6 日 星期二 晴

党的扶贫惠民政策如一轮红日高照，拨开乌云。

国庆长假，我正在机关值班，刘爹突然打来电话，情绪激动，隐约才听明白，老人的孙子刘定好像遇上什么麻烦了。于是我决定到刘爹的家中去跑一趟。

车行刘爹是我联系的一个贫困户，78 岁，满脸的皱纹仿佛在向人们讲述他人生的种种不幸。他的老伴早在 30 多年前因病去世，大女儿因情感问题自缢身亡，二女儿出车祸死亡，唯一的一个儿子也在 2014 年年底的时候醉酒驾车摔在渠道中溺水身亡。年轻的儿媳妇改嫁了，留下一个 18 岁的孙子与老人相依为命。

七拐八拐地走两里多泥路，终于来到了老人的家中。老人看到我像看到救星，他从堂屋搬出来两个凳子，用衣袖在上面抹了又抹，"书记，条件太差了，别嫌弃啊，快请坐！""刘爹，刚才您在电话里面说的是什么事情？"老人露出了尴尬的表情："就是我那个孙子刘定，他……我……"

原来是刘定觉得啤酒厂的工作太辛苦，3000元一个月的待遇太差，干了半个月换了三次岗位，同事都不愿意和他搭档，上周五在主管批评了他几句以后，他一气之下把公司给炒了，回到家中后整天和小混混在一起四处游荡。想到上次帮刘定找工作的种种不易，坦白说我心中还是不悦的，可看着老人落寞的神情，我决定再帮刘定物色一个工作，电话打了十几个，经开区的一个企业负责人终于答应先让孩子过去试一试。这一次我决定先和他谈一谈，在他的成长历程中，他需要一个引路人。

等了一个多小时后，蓬头垢面的刘定回家了，老人当着我的面正要狠狠的批评他时，我使一个眼神制止了老人的行为。孩子感激地看了我一眼，这为我们进行沟通打下了良好的基础。在谈话的过程中，我意识到他很渴望成功，可是，他不愿意去干这些体力工作。我对症下药，向他讲述了爷爷的辛酸不易，例举了他们村家喻户晓的几个大企业家艰苦创业的故事，当他听到他最崇拜的一位老板曾经还做过修理，摆过地摊时，他的眼中闪烁着希望的光芒。当他得知，他即将去工作的公司，也是由一个白手起家的老板发展起来的企业，他说，我明天就去上班赚钱，让爷爷过上好生活。

告别俩爷孙的时候，梅十边上早已炊烟袅袅，我的眼前浮现出老人感激的笑容和孩子眼中重新燃起的光芒。精准扶贫，不仅仅是物质上的帮扶，更重要的是让一个个困顿的心重新燃起希望的火花，鼓励他们从头再来。

党的扶贫惠民政策拨开乌云

长沙市望城区金山桥街道 张淑清

2017 年 1 月 23 日 星期一 晴

　　春节临近，我与同事再一次来到我联系的贫困户李金华家中，李金华老人年事已高，身体不好。妻子瘫痪多年后于今年离世，全家人还笼罩在亲人离世的阴影里，儿子家庭负担也重，没什么赡养能力，妻子在生之前治疗疾病也花光家中所有积蓄，家庭早已负债累累。

　　在送上春节的祝福与慰问物资后，我请老人平时要适当运动，多晒太阳，吃些健康养生的食物，鼓励他要坚强勇敢的面对生活中所发生的一切，有什么事情需要我们帮忙的就和我联系，无论是生活上还是精神上。我们一定力所能及的给予最大的关怀和照顾。

　　走访结束回来，我却有了不一样的心情，我在思索，该如何帮助困难群众解决实际问题？怎样才能给予困难群众更多的帮助让他们过得更好？在我国经济突飞猛进，世界第一经济体唾手可及的情况下，却还有大量的人群生活在全社会平均生活水准之下。特别是在广大的农村地区，那里的弱势群体实在太多。但个人的力量毕竟是有限的，真心的鼓励、微薄的资助并不能从根本上改变当前困难群众的困境。国家的惠农政策日渐丰厚，社会保障日益完善，农民的生活已经得到很大改善，但还有相当数量的农民没有脱贫。要解决他们的贫困，主要还是要靠党和政府的帮助，社会的关心。

虽然命运的绳索无情地缠住了他们理想的翅膀，生活的阳光被乌云遮挡，庆幸的是，有了党的扶贫惠民政策，有了一大群办好事、干实事、解难事的干部，只要双手还在肩上，梦想就能插上腾飞的翅膀，拨开乌云定能见到温暖的阳光！

找准穷根方能精准扶贫

长沙市望城区金山桥街道 张斌

2016 年 9 月 14 日上午，也是中秋节的前一天，我和社区同事一起去看望李从汉老人。李爷爷家庭是我的扶贫对象，李爷爷已近 90 岁高龄，老伴早几年去世了，自己和儿子、儿媳、孙子住在一起。虽然李爷爷有子有孙，但家庭极不富裕，李爷爷原来一直以种田为生，由于年事已高，身体孱弱常病不好，需要有人照顾。儿子没什么文化每天在外打点临工，儿媳在家照顾老人，孙子上学。他家的那房子还是早两年政府资助两万元危房改造资金才建起来的。他们家不仅仅需要物质慰问，更需要有人陪这位老人聊聊天，说说话，给予李爷爷精神上的慰问。

那天，李爷爷一个人在家，见我们又来了，他显得很高兴，忙让我们坐。我们把带去的慰问品放下后，同事就去帮李爷爷叠被子，扫地、擦桌子。我就坐下与李爷爷聊起了家常，了解老人的心境，也听他讲述了他丰富的人生经历、生活体会、家庭趣事。他虽然年纪大了，神智却依然很清晰，时不时夸党的政策好，时刻不忘提及要教育子孙通过勤劳致富，说不能长期给政府添麻烦。李爷爷显得很乐观。假如没有与老人亲自接触攀谈，便很难感受到"风烛残年，病痛缠身"的他虽然贫困，但还能如此精神开朗、谈笑风生。他坚强的精神与乐观的生活态度极大地感染到了我们，使我们对生活有了更深刻的认识和体会，使我们觉得现在的生活真的很幸福！

在我们社区，扶贫帮困工作还比较艰巨，有许多工作要做，更需要人民群众支持理解。虽然居民生活水平有了大幅提升，居民整体生活水平比较富裕，但依然还有一部分群众因孤、病、残、没文化等原因导致生活比较困难。我们通过与近90高龄的李爷爷交谈，常能感觉到他们对党和政府的衷心拥护。

不知不觉已到中午，老人的儿媳回来给老人做饭了，她热情地和我们打着招呼。她告诉我们，他们家在我们的帮助和鼓励下，正在慢慢脱贫致富。他们非常感谢党的好政策和我们带去的关心，他们坚信困难只是暂时的，并且有脱贫致富的信心和决心。我们听到后心里都感到很高兴！我们见时候不早了，就和他们一一道别，并告诉老人，我们下次还来陪他聊天。

"慈心为人，善举济世"，只要人人都献出一点爱，困难群众会越来越少，社会正能量将不断发扬！干部心中有百姓，百姓心中有杆秤。作为一名党员、一名基层干部，我们一定要坚决执行上级扶贫帮困决策，把党的各项惠民政策带到基层，送进百姓家中，让广大群众明白党的政策，感受党的温暖，特别要实实在在地帮助弱势群体解决实际问题。找准穷根，精准扶贫。让他们早日走出困境，过上幸福富裕的生活！

半年扶贫历程

长沙市望城区白箬铺镇 张可欣

2017 年 3 月 6 日　星期一　晴

　　我只是一个刚刚参加工作的年轻人，也加入了扶贫的大军。今天，我在灯光下铺开日记本，好好回味自己半年来的扶贫路。

　　2016 年 10 月前后，在全镇精准扶贫的工作规划部署下，我有了两名扶贫对象，古山村方塘组的文玉莲和罗塘冲组的李利银。文玉莲是一位 80 岁的老奶奶，丧偶，无劳动力，膝下育有一子朱德强，今年 48 岁，双腿因病残疾，丧失劳动力，现因政府给于的帮扶政策吃上了低保，母子俩生活还算温饱；李利银是一位 67 岁的老奶奶，丧偶，无劳动力，有两女均外嫁，但母女关系不合赡养义务不到位，又因不符合政策吃不到低保，现生活比较拘谨，依赖政府的慰问物资而生活。

　　2016 年 10 月中旬，我在古山村扶贫专干黄运芝同志的带领下带上了油、米等慰问物资初次拜访了文玉莲和李利银的家。文玉莲是个热心的老人家，在我将慰问物资送达她家并表明身份和来意之后就不停地向我夸奖政府的扶贫工作，住宅充满了农村生活的温暖气息，让人感觉到这户人家积极向上的活力。我在片刻的寒暄过后离开了文玉莲家前往李利银家，李利银家是政府援建的房屋，平时只有李利银一人在家，大概50平米左右对于一个人住显得不大不小，但是略显寒冷，而且家徒四壁，能够切实感受到李利银生活的窘迫。在放下物资并片刻寒暄过后，我离开了李利银家，结束了首次拜访之旅。

2016年11月中旬，为了电话调查的事我再次前往文玉莲和李利银的家中，这次我仔细询问了她们生活上的困难，文玉莲和她儿子朱德强互相扶持，把自己的家打理的井井有条，没有什么困难的地方，但李利银家中没有打井，喝的水都是烧开了的塘水，卫生健康方面很让人担心。我将情况记录了下来并告知了村扶贫专干，并将自己的联系方式给予了两位老人，嘱咐她们有困难随时反映，然后结束了本次拜访之旅。

2016年12月中旬，我自己掏腰包准备了一户200元总计400元的慰问金第三次前往文玉莲和李利银的家中。这次主要目的是根据市、区下发的调查问卷，由我自己对她们进行调查。在一番寒暄过后，我就调查问卷的几项问题问询了文玉莲和李利银两位老人，其中镇政府扶贫工作得到了两位老人的高度肯定，我将回答内容记录了下来带回镇上，为全镇扶贫工作自我评估提供依据。

2017年1月中旬，正值春节前夕，白箬铺镇全镇给每一名贫困户准备了400元的慰问金和油、米等慰问物资，我将物资带到文玉莲和李利银家中之后，与她们交谈了一会，询问了是否有困难等情况，都得到了否定的答复。我向她们送上了春节的祝福后，离开了她们的家中。

截止到现在我已经入职了半年左右，前前后后拜访了联点贫困户4次，送了3次慰问物资，在完成脱贫攻坚任务的2019年年底之前，我会一如既往地全力支持精准扶贫工作，为全面建设小康社会贡献自己的力量。

一直陪伴下去

长沙市望城区城市管理局 张扬

今天下午，在桥驿镇禾丰村牛角冲组路人带领下，我来到王新刚家，他的亲戚一边带我到一楼炉子旁就坐，一边热情的打招呼。今天他家停电，我就着手机电筒对有关资料进行了详细记录。他年满60，身患残疾，家里还有上学的小孩，爱人在家务农，家庭条件十分恶劣，通过与其亲戚及其本人交谈，了解到作为家里的主要劳动力王新刚因病无法继续操持家业。家里无种植养殖情况，没有什么可支配的收入。我告诉他这次调查资料提交上去后，相关部门会根据民情制定出好的政策，帮助贫困家庭脱贫致富，他很欣慰的笑了，真诚的道了声质朴的感谢。我告诉他现在望城发展也不错，虽然手臂残疾却坚持劳作，身体康复后可以在附近找份工作，希望他能保持良好积极的心态，安心生活，有什么需求可以告诉我，我会向上传达，帮助他家一步一步致富。

通过记录走访，我了解到了该户家庭基本情况，主要的致贫原因是疾病，并给出了合理的帮扶意见。把党和政府对贫困家庭的关心与关怀送到了他家，希望他们在各单位的帮助下生活逐渐变得越来越好。

在我看来，党中央自上而下开展的扶贫工作，不是一种形式，而是引导我们的干部职工真正的走进老百姓的生活中。这样一来，他们的日常生活在我们眼里变得鲜活、变得动态，不再是从书中或电视里面看到的那样，冰冷而不真实。也只有这样，我们才能真正明白他们的所需所想。在繁重的农活之余，在每一个琐碎的日常之后，他们也需要倾诉、需要表达、需要有人给他们讲一讲外面的世界，也许只是亲切的与之拉拉家常，都能增进彼此的感情，拉近彼此的距离。

今天我第一次走进贫困家庭，我知道以后的路还很长，但是我会一直陪着他们走下去，直到幸福脱贫的那一天。

扶贫脱贫，成于精准

长沙市望城区月亮岛街道党工委副书记、办事处主任　张妹辉

2017 年 1 月 24 日　星期二　晴

春节将至，事情格外多起来。一下班，我便去超市购买了两件"未来星"儿童成长牛奶，叫上村支部书记直奔农村安置小区扶贫对象张滔家，想了解一下他家过春节的情况。

敲了下门，门没锁，张滔小儿子在沙发上哭、大儿子在客厅独自玩耍，我连忙抱起最小孩子，边哄他"不哭"，边喊着张滔。这时张滔母亲放下锅急忙从厨房跑出来："快坐，你看又麻烦您张主任和书记了，张滔住院刚回，媳妇上班快回了。""阿姨没事您先忙，我先看下小孩，您先做饭，我只了解下您家过年的准备情况。"

刚坐下不久，张滔的妻子回来了，放了手中的孩子用品，气喘吁吁地说："张主任给您添麻烦了，让我家小孩都认您这个二妈了，您抱着都不认生了。"说着连忙从我手里接过小孩，到房间呼出了张滔。

张滔像往常一样，面对我们点下头，打了招呼，然后坐下沉默。村支部书记说："张滔，张主任来了解下你春

节生活怎么样？还有些什么困难？"张滔站起来笑了一下，很小声讲："谢谢，没什么困难。"张滔妻子很外向马上接话说："谢谢主任多次关心、挂心，过年物质准备好了。张滔今年比往年精神状况都好多了，幸亏您和书记。党的政策好给了我支撑起这个家的希望。"边讲边把从娘家带来的酸枣、枇杷塞给我。我边观察张滔的变化，边思考这个扶贫对象"因病致贫"的对策，并有意找张滔了解他个人的心里想法，我试着问了张滔个人许多简单生活，他慢慢地由"嗯"到2个字、6个字、2句话到1分钟的交流上来了，我问："下半年帮你介绍的电脑维修业务，感觉怎么样？"他神气一下来了："我乐于做此事，只是对软件不熟……""他呀，到单位怕与人打交道、很老实。"他妻子打断他的说话，这一对话让我明白了这个家庭和扶贫对象。要调整思想由"精准扶贫"到"精准扶人"进行转变。我想今天就从开导、疏导、引导张滔先树立自信，由怕交流向大胆交流进行转变。我把他妻子拉到房间与她交流了引导张滔树立人生目标提高自信的计划：一是我一个月来与他沟通交流一次，二是单位维修业务妻子一同协助。三是免费提供一个电脑技术提升班让他学习。

　　我招呼着："张滔，你把近段时间接的单在电脑上操作给我看看，顺便教我几招电脑使用的流程。"他马上从沙发上走到旧电脑旁，开始聚精会神操作起来……然后主动与我们提起了往事：由于区征地办、街道和社区上的照顾，使其享受了低保，每年雷锋慈善会也援助了6000元，同时把他安排在月亮岛街道维修机关电脑，解决了就业问题。妻子蒋月娥在郁金香橱柜店上班，每月也有1500元，家里的生活比以前好了许多。

　　但让他最担心的，还是他的两个小孩。"自己病了，连累了家人，两个孩子都还小，一路走来，太多艰辛。"一边念叨，泪水瞬时模糊了这个男人的双眼，我们的心情也跟着沉重起来。他在担心，孩子会不会有遗传病的可能，他们的未来，充满了太多的不确定性。我和吴书记还是更多地去安慰和鼓励他："你的两个儿子现在这么健康、活泼，你也要更加坚强，乐观地看待生活，给他们树立榜样，相信他们会长大成人。"

　　聊着聊着天色已黑，他们一家留我们吃晚饭。我笑着回绝了："今天我已够充足了，只有你们全家过年没问题，比今天吃了晚饭更舒坦了。"

这次走访让我深入了解到该户实质性困难、问题以及主要的致贫原因，并给出了合理的帮扶意见。把党和政府对贫困家庭的关心与关怀送到了他家，希望他们的生活会变得越来越好。天下大事，必作于细，扶贫脱贫，成于精准。

2017 年 1 月 23 日 星期一 晴

扶贫的方向在哪里？

长沙市望城区月亮岛街道 张建宇

　　离大年三十只有三天了，我和区住房保障局张军红、戴公庙村干部任贵文一行再一次来到戴公庙村 29 组的喻觉高家。

　　喻觉高，月亮岛街道戴公庙村 29 组村民，现年 70 岁，一直体弱多病，看着比实际年龄要苍老许多。妻子龚星荣，53 年出生，也身患多病。夫妻俩四十来岁才养育了一对儿女，女儿喻利，89 年出生，现在中软上班，儿子喻湘荣，93 年出生，大学还没毕业。夫妻俩的经济来源最主要就是靠在家里养些鸡、鸭，喂几头猪，喻觉高偶尔也在外做点轻体力的零工。

　　在当今农村到处都是小楼林立的时代，喻觉高家的这栋八十年代的土砖瓦房显得格外抢眼。看到我们的到来，夫妻俩连忙将我们请到了家中，妻子龚星荣放下手中的活为我们搬出椅子请我们坐，还特意抹了抹椅子上的灰尘。屋内的摆设我已经很熟悉了，除了一台老旧的电视机和一个老式电饭煲之外就没有什么像样的电器了，只能用一贫如洗来形容。"任书记、张主任、张局长……感谢你们又来看望我们……"喻觉高佝偻着背，满脸的憔悴与疲惫。村干部任贵文说："您老人家别客气，要过年了，我们特意来看望、慰问一下你们，您有什么需要帮助解决的可以跟我们说说。""对！我们这次到你家就是想了解下你们家现在的生活、生产基本情况，还有你家现在有什么困难需要我们帮助解决的……"我边说边伸出双手与夫妻俩人分别握了握手。喻觉高说："感谢共产党、感谢政府，感谢你们多次来看望我们，每次都给我们送来了慰问金，还有用的、吃的，特别是为我的儿子喻湘荣还申请了教育助学金，我们真的很感动……只怪我们夫妻俩身体不好，给政府增添负担了"老人一边哽咽着，一边用布满老茧的右手使劲擦了擦眼睛："现在也没有什么特别困难的地方，就是两口子生病吃药欠了一点钱，家里喂了些鸡、鸭，看能不能帮我们介绍一些买主。"听到这些我拿起走访记录本一一记录下来。喻觉高继续说："儿子大学也快毕业了，等他毕业找了工作，能赚钱了，我们到时候就不用再给政府添负担了！"他说这句话时我们看到了他脸上流露出的喜悦，还有眼里的那抹希望之光！妻子龚星荣一直在旁边看着自己的老伴，并不时地跟着点点头。我说："老人家，我们驻村干部的工作中除了对贫困户实际困难进行帮助外，更重要的是根据你们的实际情况，帮助你们发展经济，让你们能过上好的日子，帮助你们真正脱贫致富。今天你提的几点困难我都一一记下了，包括你儿子毕业以后的就业问题，都可以让政府提供一些就业信息。今天给你们送来春节慰问金，还有一些过年物资，给你们拜个早年！"住保局张军红将准备好了的慰问信封塞到喻觉高手里，老人家连声说着："感谢政府！感谢党！……"

回来的路上，我再次陷入了沉思……思考着到底应该如何扶贫帮困，如何切切实实令贫困对象彻底脱贫，更应该如何将扶贫工作常态化的进行下去，而不是形式化地、任务式地来搞精准扶贫。在各级加大政策支持的同时，我们更应该做到主动作为、切实负责。在月亮岛街道如火如荼的开发建设的大潮中，在一年财政收入过八亿的街道范围内，我们却仍然存在着这么多的贫困户，这不由让我有些许负罪感。常言道："当官不为民作主，不如回家种红薯"，作为基层干部，更能深刻地理解这句话的含义。同时，经过这次被动式的扶贫帮困，让我看到了我们存在的多方面不足，也懂得了我们需要关注、作为的方向在哪里。

冬日暖阳

长沙市望城区畜牧兽医水产局 周赤霞

2016年12月2日 星期五 晴

今天，我和单位同事去村里进行精准扶贫脱贫上户复核工作，此次上户是为了进一步更精确的掌握精准扶贫户2016年的收入情况，和他们一起算算收入账、致富账、脱贫账。

逆着寒风，我们来到了残疾贫困户苏配军的家。苏配军一家3个女人，她本人有视力残疾，她女儿苏亚茹25岁患有精神病，生活不能自理，她母亲刘友秀86岁，独自一人另起锅灶照顾自己。然而，她的丈夫却因尿毒症前年去世，生活的艰难是可想而知的！

见到我们，苏配军没有向我们述说她家的困难，而是把我们带到一处新房子的施工地，既高兴又激动地报起喜来。她告诉我们说，她家老房子纳入的危房改造的项目，经过领导们亲力亲为的多方协调，终于把久拖未决的宅基地位置确定好了，建好后只要拎包入住就行。女儿苏亚茹也由政府出面送到精神病医院接受免费治疗，康复状态良好。现在她们一家三口都享受了政府的低保，加之各个方面的补贴和帮扶资金，真正达到了"两不愁、三保障"。

望着苏配军写满笑意的脸，我们告诉她即使达到了脱贫标准，今后扶贫的政策仍然享受，仍然会一如既往地受帮扶。听我们这么一说，苏配军激动地说："感谢你们，相信政府不会弃我们不顾的。现在我们一家也拿了低保，看病不要钱，危房也要改造好了，政府是关心我们的，真的感谢政府。"她边念叨边从衣柜的最里边衣服堆里，找出几包时下乡村最流行的香烟硬往我们手中塞，在我和同事的再三婉拒下才作罢。

一天时间，我们就完成了对 32 户贫困户的上户复核工作。在调查走访中，我们看到，农村贫困户之所以贫困，有的是因病致贫，有的是因老致贫，农民因年岁大了，劳动能力下降，又缺少青壮年劳动力，导致收入下降，生活境况窘迫；有的是因学致贫，农村孩子升学是农民最大的开销之一，孩子考上大学是件喜事，但高昂的学费和生活费，对农民家庭是天文数字，靠泥土里刨食，根本无法承受巨大的经济压力；也有的是因愚致贫，个别农民由于智力障碍或者没有文化知识而导致贫困，思想相对保守，外出打工无门，也缺乏积累，导致家里贫困。

虽然命运的绳索无情地缠住了他们的理想翅膀，生活的阳光被乌云遮挡，庆幸的是，有了党的扶贫惠民政策，有了一大群办好事、干实事、解难事的干部，只要双手还在肩上，梦想就能插上腾飞的翅膀，拨开乌云定能见到温暖的阳光！

肖爹的"房"事

长沙市望城区住房和城乡建设局 周宏伟

2016 年 12 月 28 日 星期三 多云

　　肖季明,长沙市望城区高塘岭街道新康社区龙兴组建档立卡贫困户,现年 73 岁,家庭人口 2 人。四个女儿均已出嫁,家庭经济状况都不宽裕。妻子谢菊香现年 64 岁,患有冠心病,每年药费要 5000 来块。夫妻两人靠垃圾回收利用赚点生活费度日,住的是 70 年代建的一层 100 来平方砖瓦房,由于基础不稳、年久失修、材料老化,墙壁到处开裂成为危房。每年危房改建评议时都优先纳入改造计划,但是考虑到自己没有什么存钱,加之年老,无力修建,多次放弃指标。

　　今年扶贫工作开展以来,联点结对领导——区政协副主席凌立霞同志上门走访了解情况后,跟肖爹说:"你们家的住房是危房,我们一定想办法要解决你的房子问题,你的事情就是党和政府的事,就是我自己家的事。只要你同意,资金的问题大家想办法帮你解决。"我立即向住建局汇报后,局里立即调配危房改造指标到社区,并且积极联系包工包料的施工队伍,承诺五万元建好 80 平方米的新房,肖爹只拿扫把进屋。肖娭毑又担心房子质量、心中举棋不定。怎么办？这可愁怀了凌主席。凌主席带着社区干部又不耐其烦的多次上门做工作。危房改造工作是最后两年了，精准扶贫户另外还有一万元的补助。我们对肖爹说，建房虽然国家有补助政策，但我们不能等、靠、要，你这样的房子不改造，我们的扶贫工作就没有做好，就没有落实好习主席关于扶贫工作的指示。通过多次的宣传解释，感动了肖爹夫妻及他的近亲属。最后一次召集肖爹的女婿、侄儿等亲属开会到晚上十一点多，终于达成了一个完美的协议，四个女儿每人支持 5000 元，侄儿支持 10000 元，加上政府补贴 50000 元，由肖爹自己请施工队伍、自己监督建房。在建房过程中，凌主席等领导干部还多次上门察看施工进度及质量。在今年月底肖爹的新房已经基本竣工，农历新年就能住进新房。现在肖爹看见谁都是一脸笑容，感谢之词不绝于口。

扶贫日记之冬日暖阳

长沙市望城区黄金园街道 周文隽

又是一年新春到，最是情暖岁寒时。在街道与农民接触日久，我能够深深懂得农民生活之不易，尤其是当我第一次到精准扶贫对象的家中时，我才明白家徒四壁是一种什么样的景况。

今天阳光正暖，我去两位困难群众家中探望。钟国华和钟罗生是英雄岭村的两位精准扶贫户，他们俩的年龄相差不大，两户人家的户主都是 60 多岁的老人，儿子 35 岁左右，都患有精神残疾，老两口因为年龄越来越大加之儿子还需要照顾，都没有经济收入。钟罗生虽有两位女儿，但收入甚微，仅能维系生计。钟国华小儿子如今也已经而立之年，现在在长沙做厨师，但因为家庭负担至今都没有娶妻。

房间里比较潮，阳光正好，我们索性都搬着椅子坐在了外头。他们对于我的到来很开心，和他们的交流间，我能够感受到他们的这种开心不仅仅是物质，更是欢迎许久不见的老朋友来到家中做客。虽然平常交流也很多，但还是小心翼翼说话，毕竟我是一个帮扶人他们是受助人的事实无法改变，但我尽可能的转换角色，以一个朋友的身份让他们感受到我实实在在的真心。

多次扶贫以来的走访和慰问，对于我已经不再是一项冰冷的政策和制度了，也许和自己的文艺情怀有很大关系吧，些小吴曹州县吏，一枝一叶总关情，人生过客如此之多，能够停留的已是不多，那为什么不用心去感受眼前呢！江南的冬日还是很暖的，走在路上，发现路两旁的树上竟冒出了小小嫩芽，越过树林带往远处看，那是一片充满希望的田野，春天不远了。

用好惠民政策，减少因病致贫

长沙市望城区粮食局　周陶

2016年10月13日　星期四　晴

根据区扶贫工作领导小组办公室关于加强精准扶贫联点联村和结对帮扶工作通知的文件精神，2016年10月13日，我在党委书记、局长佘亚军带领下来到了白箬铺镇金峙村。这也是我作为扶贫干部第一次来到金峙村，来到村委会后，与村干部进行了简单交流，了解了村上的贫困户人数，贫困程度。随后，村书记刘建刚同志领着我来到了贫困户陈国高家中，当我们来到陈国高家中时，陈国高这会还在白箬小学上班，当我们表明来意之后，他的妻子热情的搬出椅子，让我们休息，并泡上了豆子芝麻茶，随后我们通过交谈，他的妻子将她的家庭情况一一详细诉说。

陈国高在10年前的结石检查中发现自己患有直肠癌，动过一场手术后便不能从事重体力劳动，现在每天还需服用药物。通过村委会工作人员的努力，给陈国高安排了一份白箬小学保安的工作，周一到周五每天早上7点钟自己带上中午饭赶到学校，中餐时间拿到学校食堂煨热之后就餐，学校每天为他补贴了20元的餐费，这一份工作每个月大概能带给他 1800 元左右的收入。陈国高的妻子唐秀元是一位朴实的农村妇女，通过种菜、喂养鸡鸭补贴家用，并要照顾在幼儿园上学的外孙。一个女儿陈思今年 25 岁已经结婚，在镇上的老百姓大药房工作，另外一个女儿 20 岁正在上大学。家中的 3 亩多土地已经流转，一年大概也有七千元左右的收入。陈国高的家庭致贫原因是因病致贫，他患病之后基本丧失劳动能力，并且每天需要服用药物，我们能为他做的就是争取低保救助，生态补偿。随后，我们递上了此次慰问金 400 元。陈国高的妻子接过慰问金时，一个劲儿地表示感谢，并说党没有忘了他们，习主席没有忘了他们，一边说一边流下了眼泪，这让我内心里感到很不好受。

出门之后，感受很深，疾病是农民的大敌。一个农民家庭，如果其主要劳动力因病丧失劳动能力，如果有一人得了大病，对这个家庭来说，生活将被彻底打乱，那就是致命的打击、无法承受的天大的灾难。土地没人种了，不能出外打工了，更何况，为了治病，为了救命，可能把很紧巴攒下的一点钱全花出去，还可能拉下几年也还不完的欠债。这样家庭生活随即就会陷入困顿，陷入无奈，陷入绝望。欣慰的是，目前我国农村合作医疗已经顺利铺开，乡镇卫生院基本普及，村上也定时邀请大医院专家教授免费为农民朋友检查身体，农民朋友们基本上做到了小病不出镇，大病不出市，同时农村合作医疗能为农民朋友们报销大部分医疗费用，这减少了农民兄弟的经济压力，同时也大大减少因病致贫的人数，改革发展的成果已经切实惠及了农民。

佳佳笑了

长沙市望城区大泽湖街道　周斌

　　大泽湖街道西塘村给了我 10 岁学生姚佳佳家的情况：爸爸因病于三年前去世，留下 20 多万元外债，妈妈不堪贫穷带着二岁的妹妹改嫁他乡，爷爷 73 岁，已无劳动能力，奶奶失明多年、行动不便……面对这样一份简介，我十分吃惊，心里对自己说一定要帮助这个不幸的孩子。

　　当天夜里，我便带着水果来到姚佳佳家，我怎么也想象不到那是怎样的一个家：歪敞着的木门遮掩着破败的院落，矮矮的土坯房上几处被风掀起的旧铁皮在风中摇晃，昏暗的灯光从窗外挡风旧塑料布的洞中透出，家里几乎没什么家具，一张木床，几个木箱，屋里显得无比地冷清。我到的时候，爷爷正坐在昏暗的电灯下看佳佳写着作业。佳佳的脸上有着和孩子年龄不相称的一片阴云，充满了愁苦。

　　看到这样的情景，我一阵心酸。我拉着佳佳的手，认真询问家里的生活情况和学习状况。慢慢地了解到，这一家人的生活仅靠亲朋救济、邻居施舍、捡拾破烂来维持，过年过节政府发的救济物资对于他家只是杯水车薪，平时家里吃不起油，就买市场上别人不要的猪肠油，长期的营养不良，致使佳佳牙齿开始掉渣，经化验，身体里的各种微量元素严重缺乏，已经严重影响到佳佳的生长发育。

临别前，看到家里正在为开学后没钱给姚佳佳买学习用品而发愁，学费学校已经减免，我马上拿出壹仟元钱给姚佳佳的爷爷，嘱咐他给孩子买所需的学习用品，剩下的买一些家里的生活用品，给孩子买一点牛奶。

第二天，我立即安排医务人员给他全家人做了详细体检，并根据身体状况开具了相关药品和营养品，还给佳佳买了二套漂亮的衣服，鼓励她要放下包袱，好好学习，小佳佳终于露出难得的笑容，眼里充满了对生活的向往，表示一定要发狠读书，回报社会！看到佳佳的笑容，我的心里觉得暖暖的！

在扶贫的道路上，我会一直坚持下去，并承诺以后将承担姚佳佳的中学、高中、大学的所有学习费用。

我与扶贫对象肖淑纯

长沙市望城区丁字湾街道 周栋

我认真揣摩"精准扶贫",认为是指针对建档立卡的贫困群众,运用精确的治贫方式对扶贫对象实施精确帮扶,让困难群众脱贫致富奔小康,不愁吃不愁穿,过上好日子。

我们翻身垸村建档立卡贫困户共有44户,按照街道党工委的安排,我联系的精准扶贫对象为肖淑纯户,肖姨今年66岁,丧偶,家住丁字湾街道翻身垸村新塘坳组,家庭人口两人,还有一个儿子,名为黄国其,年龄43岁,单身,身患精神二类残疾。肖姨和儿子两人相依为命生活,无劳动能力,无经济来源,生活条件困难。

2016年8月23日上午11时,是我第一次去肖姨家,当时正逢肖姨和儿子都在家中,进入肖姨家里,我仔细环视了房屋的整体风貌,房屋修建应该有几十年的历史,原本的白色墙面都褪变成了米黄色,家里更是没有看到任何值钱的家电家具,只有非常简单的生活家居,家里虽简陋但很整洁。我首先介绍了自己的姓名、工作单位及来意,并告知肖姨以后我就是她家里的脱贫责任帮扶人,有什么困难和需求都可以和我交流。她招呼我坐下，给我泡了一杯茶，然后我俩细谈起来。肖姨为人平和慈祥、说话和声细语的。从肖姨口中我了解到：她丧偶早，儿子是他一手拉扯大的，不幸的是儿子患精神疾病，每天需要服药，但苦于自己无劳动能力，没有任何经济来源，也就没有过多的治疗。还有一个女儿，已经出嫁，经济条件也很一般，无力照顾娘家生活。家庭唯一的经济来源就是二一公司稻田租金及自己微乎极微的养老金。了解到肖姨的实际情况后，我问肖姨："您现在最大的需求是什么，需要我帮助您什么事吗？"肖姨半天也没有吱声，许久才说："主要是我儿子，他得了这种病，我非但不能出去打工赚钱，还要全程在家照顾他的生活起居，没有办法呀，我只希望政府多关心我们这类弱势家庭，能够不把我们忘了呀！"是呀，肖姨的话很实在，她始终保持着微笑，也没有给我出难题，我留下了电话，告诉她有什么困难可以直接和我联系。肖姨不停地道谢，说谢谢党和政府的关心。

从肖姨家里出来，我思考了良久。该采取什么帮扶措施好呢？介绍打工明显不适宜、教育帮扶、危房改造、产业帮扶也没有。家庭最大的困难就是没有劳动力、还有常年服药的病人。第二次到肖姨家里，我给肖姨送去了米油面及一点小食品，并告诉她一个好消息，她家里被评为了我村的"愁吃户"每年有两次每次 600 元的慰问金，也算是给家里填补点家用。

之后我先后又去了三四次，每次去，肖姨都是非常客气地招呼我，看到她老人家笑容灿烂，我的心里也是暖暖的、内心充满了力量。

我坚信，有各级党委、政府的坚强领导，有这么好的惠农政策实施，大家给需要帮助的贫困家庭带去温暖，他们的生活水平一定会明显提高，更多的老百姓一定会过上幸福美好的生活。

为梦想而飞翔的"最美媳妇"

长沙市望城区农业和林业局副局长　周红宇

　　今天，参加"雷锋故里好儿媳 文明家庭千里颂"长沙市望城区"最美媳妇"表彰大会，5名获奖代表上台讲述了自己的心路历程和人生经历。她们的事迹清新朴实、感人至深、令人敬佩，特别是看到身残志坚、自主创业的张笑，感动之余更多的是思考下一步我们该怎样做好扶贫工作。

　　记得去年的这个时候，一对小夫妻来我们办公室咨询扶贫政策。丈夫看起来健全（实际有眼疾），妻子名叫张笑，2岁半就患有罕见的碎骨病，全身骨折36次，身高仅80厘米。虽然夫妻俩都是残疾人，但从笑笑的眼神里能感受到她内心的那种自信、坚强、善良和对未来的期待！时隔一年，我还是忘不了她第一次来找我们时勇于自我推荐的场景，矮个子的她很善意地做了自我介绍：2015年春天，她的老公放弃自己的音乐梦，远离家乡来到望城，和她一起开办了一家肉鸽养殖场。他们克服缺少资金、缺失技术、身体残疾等困难，自己动手建鸽房、扎鸽笼、买鸽子、喂鸽子，每天早上六点起床，花出比正常人多几倍的时间打扫 200 多平米的鸽舍、生活区域，洗鸽蛋，安排、记录各种生产事项，现在计划将养殖场育鸽数量从 600 余只进一步扩大到 3000 只左右……

听了笑笑的故事，我们很受感动。随后我们联系民政、妇联、残联等单位希望能给予他们适当的帮助，扶贫办工作人员耐心向他俩讲解了相关的政策，并指导做好税务登记和项目申请等工作，张笑经营的望城区自强肉鸽养殖有限公司 2016 年得到 4 万元产业扶贫项目的支持，已落实两夫妻每月各 400 元的低保和各 300 元的残疾补助，42000 元的危房改造补助。扶贫工作队工作人员定期回访，很多爱心人士帮助她联系农庄营销肉鸽，近期女企业家协会会员教会她互联网 + 进行网络销售，小夫妻俩立志三年内脱贫致富，并带动身边有梦想，有共同爱好的残疾朋友一起创业。

现在她可是扶贫办的常客，前些日子告诉大家她被提名为全区"最美媳妇"，没想到今天她就勇敢地站在了颁奖舞台上给大伙儿讲述自己的故事——《隐形翅膀载我去飞翔》。小小的身躯，大大的能量，你不认命，不服输。质朴的夫妻二人，不管生活给你们多少磨难，你们都不会轻易放弃梦想。好样的，张笑，我们为你点赞！

"一个人可以非常清贫、困顿、低微，但是不可以没有梦想。只要梦想存在一天，就可以改变自己的处境。"是啊！笑笑就是我们扶贫攻坚路上一名自强不息的典范，尽管要付出比常人更多的艰辛，却还是靠着自己勤劳的双手，自食其力地奔走在脱贫致富奔小康的路上！

这个特殊的日子，让我明白了许多，同样也收获了许多！

精准扶贫，重在"造血"。古人言：授人以鱼不如授人以渔。作为农林局的一员，在今年的产业扶贫工作中我们要选对人、用对人，让那些懂农村、会经营、有公心的人才为乡亲们脱贫领路。针对"领头雁"和典型特困户的情况，制定具体的帮扶措施，通过政策上的支持，资金上的帮扶，技术上的指导，市场上的帮联等方式，帮助"领头雁"把产业做大做强，充分发挥他们的示范带头作用，帮助特困户解决生产、生活上的困难，小康路上一个都不能掉队！

喷泉之所以漂亮因为它有压力，瀑布之所以壮观因为它没有退路，水滴之所以能穿石是因为永远在坚持,人生亦是如此!如果我们每一个人都为了自己的梦想而坚持不懈,努力把自己变得很美好,那么这个世界就一定会更美更美。

放下身段，真正做农民的儿女

长沙市望城区桥驿镇党委副书记、组织委员 周昕

一年很快就过去了，今天是 2016 年最后一个群众工作日，离农历新年也只有一个月了，我想着还是抽时间去我联系的精准扶贫户家里看看，了解下过年他们还缺什么。

邀村上干部一起到了柳文杜家，她嫂子见我下车，连忙迎过来，客气道："周书记你又来了啊，快进屋坐。"趁她去泡茶，我先进了柳文杜的房间。杜杜正躺在床上睡着，她是精神残疾者，时而清醒，时而会疯起来打人，好不容易嫁出去，不久又被人家退回到娘家。幸好有善良的哥哥嫂子，不嫌弃收留了她，不惜一切代价地照顾着她。可杜杜近期又患了子宫肌瘤，病得严重了些。我坐在床边看了一会儿，又轻轻地走回堂屋，向她嫂子询问杜杜最近的情况。"还是老样子，住了几天院，还是回家休养好。"嫂子特意泡了　杯芝麻豆子茶给我，轻叹了口气说。

"那就得辛苦您了呢！"我由衷感慨于杜杜嫂子的辛劳，她除了要照顾杜杜，还要照顾自己的家婆，老人家也有一些精神残疾，年纪也大了，家里很多事情搅一起，都

是靠嫂子一个人在里里外外的忙活着，她身上的担子着实不轻。

"小周书记！"隔壁的柳大叔大概是外出回家见了我的车，估摸着我在杜杜家，特意也走进来跟我打招呼。我连忙说："千叔您怎么还叫我书记呀，我其实也就您儿女年纪，上次跟您说了，您还是叫我小周吧。"柳大叔笑呵呵的，看上去精神挺好。十多年前，柳大叔因病割除了一个肾后，一直做不了什么重活，儿女都辛辛苦苦在外打工，就剩下他跟老伴两个在家。但我每次见到他，他都很乐观。我问他今年过年在哪儿过，他也是笑着说就在家里，儿子应该会回来。拉了一会儿家常，我看嫂子忙不过来，准备跟她们告辞，她却提了两袋鸡蛋一定要塞给我。柳大叔急着回家要给我杀只鸡，我推了很久，跟他们说我家平时真的不开伙，他们才没有坚持。一直送我上了车，车开出很远转弯时，我还从后视镜里看到他们在目送我。

回家的路上我心里满满的温暖，每次去柳家，即使只是简单的坐坐聊聊天，他们大家庭里充满的爱，也总是让我很感动。想想最开始，我还挺怕去柳文杜家，害怕人家的手脏不敢握手；去别的贫困户家，也担心人家的杯子不够干净不敢喝茶，担心人家的板凳不够结实不敢坐……陪我去的一位老书记，一语道破，"周书记啊，你还是书生气重，少了点泥土气，只怕不久就会高升呢。"听出了老书记善意的批评，我红着脸不知如何回答。后来想了很久，我确实每次下去，还是有些端着架子放不下身段，也不知道如何去聊天说家常，送了慰问金就是完成了任务。对群众的感情还不够深，如果真正把群众当成自家人，当成是自己的爷爷奶奶、伯伯婶婶，这些问题，又怎么会成为问题呢？慢慢地，我把杜杜当自己的姐姐，把千叔当自己的叔叔，去柳家哪怕是听他们聊聊天，好像也很有趣，与他们的感情不知不觉也拉近了。慢慢我发现，当乡镇干部与群众打成一片，其实也是一种幸福。这种幸福来源于与群众的近距离，能最快地了解群众的想法和需要，能最直接地帮助他们。真的，我愿扎根乡镇，尽我微薄的努力去和我的农民朋友们一起，共享这些幸福！

变输血为造血，激发智能齐脱贫

长沙市望城区靖港镇 钟珍

走进贫困户湾塘组熊进华的家中，跟我想象中的困难户居住环境大相径庭。整洁精致的小院，摆放有序的农具，虽然陈旧但依然干净的家具。熊进华正在屋后整理菜土，两块不大的菜土被旧砖头和水泥块整齐分割开来。熊进华热情地招呼我和连片村干部张建佳进屋坐。几句寒暄，老熊就打开了话匣子，老熊原来是村里远近闻名的施工员，管理施工有一套，二十年前在外面就收入不低。可惜自从妻子十五年前患病需要人照顾后，家境就每况愈下，老熊先是请周边邻居照顾，后来妻子病情加重，需要亲人日夜守护后就辞去了原本高薪工作，一心一意在家照顾老伴。这样就断了唯一的经济来源，加上妻子看病的治疗费、每日不间断的药费，让这个原本温馨和谐的家庭，陷入了困境。所以村上将熊进华这户纳入了精准扶贫帮扶名单，希望通过各种渠道帮助这个家庭脱贫。

老熊叹了口气表示，村上对他一直十分照顾，村组的自建工程，有合适的会请他去帮帮忙做做事，现在儿子在外面打工也不需要家里负担了。张建佳补充说，民政办那边也根据政策为老熊老伴办理了精神重残补助，每月都有两百元。我将老熊家基本情况记录在册，并解释了当前国家精准扶贫和精准脱贫相关政策，正在这时周边群众来到老熊家，听到我在讲扶贫政策，就七嘴八舌地说有些人当了好几年的贫困户了，也没看见有什么国家的扶贫政策，也不晓得国家的钱是不是被上面哪个装到自己口袋去了。我知道讲大道理群众们肯定很反感，就指着老熊门前那条去年硬化的组级公路说："你组上的路是这两年硬化的吧，虽说是村上为主修的，但是上面配套了资金，每个月村上组织劳动力去劳动局参加区里面的招聘会，村上争取的土地整理也涉及了你们这个组，这些虽然不是直接给你们几百几千的扶贫款，但是通过改善基础设施、通过帮助你们出去做事，甚至争取大的项目进来发展当地经济，这些才是真真正正的扶贫，因为只有这样，才能变输血为造血，真正激发大家的聪明才智脱贫致富。"

听了我的解释周围的群众纷纷表示有道理，我相信，他们对精准扶贫、精准脱贫工作也有了正确认识。接下来，我继续对所联系的熊泽其、谭二和户进行了走访了解，并对他们提出的扶贫政策疑问一一解释。

一下午的工作结束了，谭二和挽留我们在家中吃饭，我们婉言谢绝，一阵凉风吹来，清凉中夹杂着炊烟的香味，预示着丰收和更加美好的未来。